Business, Economics, and Law

Herausgegeben von
S. Zeranski, Wolfenbüttel, Deutschland
S. Reuse, Essen, Deutschland

AF166780

In einer Wissensgesellschaft ist es erforderlich, Erkenntnisse aus sehr guten wissenschaftlichen Arbeiten frühzeitig zu fixieren und mit der Praxis zu verknüpfen. Die Reihe „Business, Economics, and Law" befasst sich mit aktuellen Forschungsergebnissen aus den Wirtschafts- und Rechtswissenschaften und leistet damit einen Beitrag zum Diskurs zwischen Theorie und Praxis. Sie gibt Anregungen zu Forschungsthemen und Handlungsimpulse für die Praxis.

Springer Gabler Results richtet sich an Autoren, die ihre fachliche Expertise in konzentrierter Form präsentieren möchten. Externe Begutachtungsverfahren sichern die Qualität. Die kompakte Darstellung auf maximal 120 Seiten bringt ausgezeichnete Forschungsergebnisse „auf den Punkt". Springer Gabler Results ist als Teilprogramm des Bereichs Springer Gabler Research besonders auch für die digitale Nutzung von Wissen konzipiert. Zielgruppe sind (Nachwuchs-)Wissenschaftler, Fach- und Führungskräfte.

Herausgegeben von
Prof. Dr. Stefan Zeranski
Brunswick European Law School
(BELS), Wolfenbüttel

Dr. Svend Reuse
FOM – Hochschule für Oekonomie
und Management
isf – Institute for Strategic Finance,
Essen

Sophie Bartell

Qualitätssicherung im Assessment-Center

Wissenschaftliche Betrachtung in Theorie und Praxis

Mit einem Geleitwort von Nancy Treuter

 Springer Gabler

Sophie Bartell
Braunschweig, Deutschland

Business, Economics, and Law
ISBN 978-3-658-15243-7   ISBN 978-3-658-15244-4   (eBook)
DOI 10.1007/978-3-658-15244-4

Die Deutsche Nationalbibliothek verzeichnet diese Publikation in der Deutschen National-
bibliografie; detaillierte bibliografische Daten sind im Internet über http://dnb.d-nb.de abrufbar.

Springer Gabler

Gedruckt auf säurefreiem und chlorfrei gebleichtem Papier

Springer Gabler ist Teil von Springer Nature
Die eingetragene Gesellschaft ist Springer Fachmedien Wiesbaden GmbH
Die Anschrift der Gesellschaft ist: Abraham-Lincoln-Strasse 46, 65189 Wiesbaden, Germany

Geleitwort

Assessment Center (AC) erfreuen sich zunehmend großer Beliebtheit als modernes Personalauswahlinstrument in der Unternehmenspraxis. Neben der Analyse der Bewerbungsunterlagen, dem Einstellungsinterview und dem Personalfragebogen besitzt es deutschlandweit den vierthöchsten Verbreitungsgrad und wird über alle Branchen und Unternehmensgrößen hinweg eingesetzt. Laut einer Studie des Arbeitskreis Assessment Center e.v. aus dem Jahr 2012 nutzen beispielsweise 27 der DAX 30-Unternehmen das Auswahlverfahren im Zuge ihrer Personalauswahl bzw. -entwicklung. Während die Einsatzhäufigkeit in den mitarbeiterstarken Unternehmen mit über 90% relativ konstant zu der Befragung im Jahr 2001 geblieben ist, findet der AC-Einsatz bei mittelständischen Unternehmen bei einer Einsatzhäufigkeit von 56% zunehmend mehr Verwendung (Arbeitskreis Assessment Center e.V., 2008).

Mit der gestiegenen Anzahl an durchgeführten AC stellt sich die Frage, ob deren Qualität nachhaltig sichergestellt werden kann oder ob es zu einer Verwässerung der Methodik kommt. Die Frage hinsichtlich des Nutzens interessiert insbesondere auch mit Blick auf die hohen finanziellen und personellen Aufwendungen, die mit der Konstruktion und Durchführung verbunden sind. Im Vergleich zu anderen Auswahlverfahren wie Arbeitsproben (r = .54), strukturierten Interviews bzw. kognitiven Leistungstests (r = .51) sowie Tests fachlicher Kenntnisse (r = .48) besitzt das AC mit einer prognostischen Validität von .37 zunächst keinen eignungsdiagnostischen Vorteil bei der Vorhersage des Berufserfolges (Schmidt & Hunter, 1998). Der gestiegene Einsatz lässt sich vermutlich eher auf eine imagefördernde Wirkung für das Unternehmen, einer höheren sozialen Validität bei den Teilnehmern bzw. einer höheren Augenscheinvalidität bei den AC-einsetzenden Unternehmen zurückführen. Polarisierend bezeichnet Prof. Dr. Heinz Schuler aufgrund der gesunkenen prognostischen Güte von ehemals .47 (Bray & Grant, 1966) auf nun mehr .26 (Hardison & Sackett, 2007) das AC als „Spielwiese der Laiendiagnostik" und verweist hierbei u.a. auf die mangelnde psychologische Expertise der Entwickler und Assessoren. Mit seiner kritischen Publikation löste er 2007 eine bis heute anhaltende Diskussion über die psychometrische Qualität und den damit verbundenen eignungsdiagnostischen Nutzen von AC aus.

In ihrer Bachelorarbeit betrachtet Frau Bartell an diese Kontroverse anknüpfend die Konstruktion und Durchführung von AC unter qualitativen Aspekten und stützt ihre Betrachtung sowohl auf wissenschaftliche Studien zur psychometrischen Güte als auch auf Ansätze der Qualitätssicherung für die Praxis. In ihre Ausarbeitung bezieht sie insbesondere die Standards des Arbeitskreis Assessment Center e.V. sowie die DIN 33430 ein und stellt diese abschließend den Erkenntnissen aus der empirischen Forschung vergleichend gegenüber. Die Autorin greift im Zuge dessen zwei häufig in der Literatur erwähnte Kritikpunkte aus der Qualitätsdebatte zum AC auf: Generell wird die geringe Zusammenarbeit zwischen Wissenschaft und Forschung bemängelt, wodurch ein Transfer von empirisch gesicherten eignungsdiagnostischen Erkenntnissen in die Praxis erschwert wird. Zudem wird der DIN 33430, als ein theoriebasierter Ansatz, seitens der Unternehmen eine gewisse Praxisferne und mangelnde Praktikabilität vorgeworfen. Die Standards des Arbeitskreis Assessment Center e.V. versuchen die an der DIN 33430 geäußerten Kritikpunkte zu beheben, indem eine stärker prozessorientierte Perspektive eingenommen wird und insbesondere reale Verstöße und Defizite in den einzelnen Phasen beispielhaft skizziert werden. Im Rahmen der Bachelorarbeit führt Frau Bartell diese beiden nationalen Ansätze zur Qualitätssicherung in eine verständliche und umsetzungsorientierte Handlungsempfehlung zusammen und ergänzt sie um bisher von diesen unberücksichtigte wissenschaftliche Erkenntnisse zur psychometrischen Güte von AC.

Frau Bartell gelingt es im Zuge ihrer Bachelorarbeit auf eine wissenschaftlich fundierte und zugleich verständliche Art und Weise sowohl den bereits vorgeprägten Leser als auch den interessierten Laien in die teils heterogene Qualitätsdebatte zum AC einzuführen. Sie vermittelt dabei einen umfassenden Überblick über die in der Wissenschaft vorrangig diskutierten Einflussfaktoren auf die psychometrische Güte eines AC und sensibilisiert für potenzielle Fehlerquellen in der Konstruktion und Durchführung des zunehmend beliebter werdenden Auswahlverfahrens. Die Bachelorarbeit eignet sich daher in besonderer Weise, sich mit der Qualitätssicherung von AC vertraut zu machen und sich darauf basierend weiterführend mit der Thematik zu beschäftigen.

Nancy Treuter, Ostfalia

Vorwort

In dem meiner Bachelorarbeit vorangegangenen Praktikum bei der Volkswagen AG wurde mir die Möglichkeit gegeben, einen Blick in die dort verwendeten Assessment-Center im Personalentwicklungsbereich zu werfen. Durch die aktive Übernahme von Rollenspieler- und kleinen Moderatorentätigkeiten, konnte ich die Verfahren in der Praxis erleben und deren Durchführung mitgestalten. Durch das eigenständige Erarbeiten von Assessment-Center Übungen war ich außerdem in die Konzeptionierung eingebunden und konnte dadurch viele Erfahrungen in dem halben Jahr meines Praktikums sammeln.

Als mir meine späteren Betreuer ein Thema für meine Bachelorarbeit im Bereich der Qualitätssicherung von Assessment-Centern vorschlugen, war ich direkt sehr begeistert. Die eigenen Erfahrungen mit den herausgearbeiteten Kenntnissen abzugleichen und zu verstehen, worauf es bei der Konzeption und Durchführung von Assessment-Centern ankommt, hat mich bei der Bearbeitung stets vorangetrieben und mit Begeisterung erfüllt.

Mein Dank geht daher an meine Betreuer Prof. Dr. Ralf Imhof und Nancy Treuter, die es mir ermöglicht haben, in einem mich begeisternden Bereich meine Bachelorarbeit zu schreiben und für die geduldige Beantwortung meiner zahlreichen Fragen.

Schließlich geht mein Dank außerdem an meine Familie und meine Freunde, die mir nicht nur während meiner Bachelorarbeit zur Seite standen, sondern mich den ganzen Weg durch mein Bachelorstudium begleitet haben und für Rat immer präsent waren.

Sophie Bartell

Inhaltsverzeichnis

Abkürzungsverzeichnis

AC	Assessment-Center
AK-AC	Arbeitskreis Assessment-Center e.V.
ATIC	Ability to identify criteria
BDA	Bundesverband deutscher Arbeitgeberverbände
MTMM	Multitrait-Multimethod

Abbildungsverzeichnis

1. Einleitung und Überblick

Die richtige Auswahl und Weiterbildung von Mitarbeitern[1] ist ein zentraler Aspekt der Personalarbeit. In den letzten Jahrzehnten ist der Mensch als erfolgsbestimmender Faktor immer mehr in den Mittelpunkt der Personalarbeit gerückt. Unter dem Begriff Humankapital[2] bekannt, wird er hoch gehandelt und bestmöglich und gewinnbringend weitergebildet und eingesetzt. Qualifizierte Arbeitskräfte können in einer Gesellschaft, die geprägt ist durch den fortlaufenden demografischen Wandel und den vorherrschenden Fach- und Führungskräftemangel, den entscheidenden Unterschied im Wettbewerb darstellen.[3] Auf Grund dessen wurden in den letzten Jahrzehnten einige Verfahren und Instrumente entwickelt, die Unternehmen im Prozess der Personalauswahl und Entwicklung von Personal als Unterstützung zur Eignungsprüfung dieser Mitarbeiter zur Verfügung stehen. Eines dieser Produkte ist das Assessment-Center (AC), dessen Bekanntheitsgrad und Anwendungshäufigkeit in den letzten Jahren stetig zugenommen hat.[4] In einer Umfrage aus dem Jahr 2007 zeigen Schuler et al. auf, dass über die Hälfte der befragten Unternehmen AC anwenden. Zusätzlich haben sie im Vergleich zu der Vorstudie aus dem Jahr 1993 den größten prozentualen Zuwachs hinsichtlich ihrer Einsatzhäufigkeit im Vergleich zu anderen untersuchten Auswahlverfahren.[5] Auch in einer jüngeren Studie aus dem Jahr 2012 des Arbeitskreises Assessment-Center e.V. (AK-AC) zeigt sich ein solches Bild.[6]

Dieses aufwändige und kostenintensive Verfahren bietet die Möglichkeit der passgenauen Ausrichtung des Auswahl- und Entwicklungsprozesses auf den Unternehmenskontext.[7] Von AC-Entwicklern wird es beworben und gelobt für

---

[1]   Auch wenn aus Gründen der besseren Lesbarkeit in der vorliegenden Arbeit die männliche Form gewählt wurde, beziehen sich die Angaben auf Angehörige beider Geschlechter.

[2]   Obermann, Assessment Center, S. 335.

[3]   Breisig/Schulze, Das mitbestimmte Assessment Center, S. 19.

[4]   Kleinmann, Assessment-Center, S. 6f.

[5]   Schuler et al., Zeitschrift für Personalpsychologie 2007, 60 (63); Schuler/Frier/Kauffmann, Personalauswahl im europäischen Vergleich.

[6]   Obermann/Höft/Becker, Die Anwendung von Assessment Centern im deutschsprachigen Raum, S. 2.

[7]   Kleinmann, Assessment Center, S. 6ff.

seine zuverlässige Wirkungsweise und seine Gültigkeit.[8] Dies ist vermutlich ein Grund für die zunehmende Verbreitung in Hinblick auf die mit ihm verbundenen hohen Kosten. Doch geht mit einer hohen Quantität des Verfahrens auch gleichzeitig eine hohe Qualität einher? Sind AC in ihrer Wirkungsweise wirklich zuverlässig und haben Gültigkeit? Die Frage der Qualität der AC-Methode rückt gerade durch die hohe Verbreitung immer mehr in den Mittelpunkt. Auch deshalb kamen in den letzten Jahren national und international vermehrt Veröffentlichungen auf, die bei der Entwicklung und Durchführung als Hilfsmittel und Informationsquelle in Form von Guidelines, Richtlinien, Standards oder auch DIN-Normen Unterstützung bringen sollen.[9]

Der Frage nach der Qualität von AC und damit verbunden auch der Sicherung dieser soll in der vorliegenden Arbeit nachgegangen werden. Dafür muss insbesondere Augenmerk auf die wissenschaftliche Betrachtungsweise von AC gelegt werden. Hierfür ist ein Blick in die zahlreichen wissenschaftlichen Untersuchungen der letzten Jahrzehnte erforderlich. Deshalb soll auf wissenschaftliche Erkenntnisse des AC-Verfahrens in Hinblick auf die Qualität und ihre Verbesserung einerseits, und auf bestehende Hilfsmittel der Praxis andererseits eingegangen werden. Ziel ist eine Zusammenführung der aktuellen Erkenntnisse aus der Wissenschaft mit den Erkenntnissen aus den bestehenden Qualitätsstandards der Praxis in Form einer Handlungsempfehlung, um eine qualitativ hohe Entwicklung und deren Sicherung voranzutreiben.

Den Einstieg in das Thema gibt Kapitel 2. Hier wird zunächst das AC vorgestellt, indem der Begriff definiert und der Ablauf des Verfahrens erläutert wird. Es werden Chancen und Risiken des Verfahrens kurz dargestellt, auf die Einsatzschwerpunkte eingegangen und aktuelle Trends im AC-Design vorgestellt. Im dritten Kapitel wird eine qualitative Betrachtung des AC vorgenommen. Dafür werden zunächst die Gütekriterien des AC angeführt und ein Blick in die Wissenschaft, hinsichtlich bestehender Probleme in Bezug auf die AC-Qualität,

---

[8]   Schuler, Wirtschaftspsychologie aktuell 2007, 27 (28).
[9]   Kerstin, in: Westhoff et al., Grundwissen für die berufsbezogene Eignungsbeurteilung nach DIN 33430, S. 22.

geworfen. Der Schwerpunkt liegt hierbei auf der Betrachtung der prädiktiven Validität und der Konstruktvalidität des AC. Auch wird das Problem der Umsetzung der wissenschaftlichen Befunde in die Praxis thematisiert. Es werden Untersuchungen zur Validität vorgestellt und Erklärungsansätze für die Befunde gegeben. In einem weiteren Schritt werden dann Ansätze vorgestellt, mit denen die Validität des AC verbessert werden kann. Kapitel 4 befasst sich anschließend mit bestehenden Qualitätsstandards für die AC-Praxis. Um diese besser verstehen zu können, wird zunächst der Qualitätsbegriff erläutert und ein Überblick über bestehende nationale und internationale Qualitätsstandards gegeben. Dann werden zwei ausgewählte Qualitätsstandards näher vorgestellt und deren Lob und Kritik, sowie Unterschiede herausgearbeitet. Auf Grundlage dieser vorgestellten Qualitätsstandards und den Erkenntnissen aus den ersten beiden Abschnitten wird in einem abschließenden Schritt eine Handlungsempfehlung für die Praxis verfasst. Aufbau und Hintergründe dieser werden in Abschnitt 5 erläutert und die Empfehlung im Anhang dieser Arbeit abgelegt.

2. Assessment-Center in der Eignungsbeurteilung

Im folgenden Abschnitt wird das AC zunächst vorgestellt. Der Begriff wird definiert und erläutert und der Ablauf des Verfahrens und die damit verbundenen Chancen und Risiken dargestellt. Es wird auf die Einsatzschwerpunkte des AC eingegangen und aktuelle Trends im AC-Design aufgezeigt.

2.1 Definition

In der Wissenschaft lassen sich viele verschiedene Definitionen und Umschreibungen vom AC und deren charakteristische Merkmale finden. Dies lässt bereits vermuten, dass das AC kein statisches, einheitliches Verfahren ist, sondern in seiner Konzeption einen gewissen Spielraum lässt. Im deutschsprachigen Raum hat sich bis heute keine einheitliche Umschreibung des AC durchgesetzt.[10] Es lassen sich jedoch viele Gemeinsamkeiten aus den verschiedenen Definitionen, die von unterschiedlichen Autoren publiziert wurden, herauslesen. Folglich kann das AC als ein- bis dreitägiges Verfahren verstanden werden, in welchem ein oder mehrere Kandidaten von mehreren geschulten Beobachtern in einer Vielzahl von Handlungssituationen (simulationsorientierten Aufgaben), welche charakteristisch sind für bestehende oder zukünftige Positionen, beobachtet und beurteilt werden. Die Beurteilung findet anhand festgelegter Regeln hinsichtlich vorab definierter Anforderungsdimensionen statt.[11] Ein Ablaufschema eines klassischen AC zeigt Abbildung 1.

Aufgrund des gebotenen Gestaltungsspielraums haben nationale und internationale Gruppen aus Forschern und Praktikern Standards und Richtlinien entworfen, die als Qualitätsstandards verstanden werden sollen und AC-Anwendern im Entwicklungsprozess ein Regelwerk zur Unterstützung an die Hand geben.[12] Mit diesen befasst sich Abschnitt 4 tiefergehend.

---

[10]   Fisseni/Preusser, Assessment-Center, S. 4.
[11]   Obermann, Assessment Center, S. 9; Sarges, in: Sarges, Weiterentwicklung der Assessment Center-Methode, S. VII; Kleinmann, Assessment-Center, S. 2.
[12]   Kleinmann, Assessment-Center, S. 2ff.

Positionierung	Konstruktion	Ablauf	Nachbereitung
Zweck ↓	Tätigkeitsanalyse ↓	Beobachtertraining ↓	Feedback ↓
Zielgruppe ↓	Aufgabenkonstruktion ↓	Einführung der Teilnehmer ↓	Fördergespräch ↓
Projektgruppe ↓	Projektgruppe ↓	Durchführung ↓	PE-Maßnahmen ↓
Implementierung	Logistik	Beobachterkonferenz	Evaluation

Abbildung 1: Ablaufschema eines Assessment-Centers[13]

Das AC kann durch seine Wandlungsfähigkeit in der Konzeption sowohl als gruppenorientiertes Prüfverfahren für mehrere Teilnehmer, als auch als individuelles Prüfverfahren für einen einzelnen Teilnehmer verwendet werden.[14] In den letzten Jahren ist das AC in viele verschiedene Richtungen weiterentwickelt worden. Mit einigen wichtigen Entwicklungsrichtungen befasst sich der Abschnitt 2.4 weiterführend.

2.2 Anwendungsbereiche

AC bieten Unternehmen u.a. die Möglichkeit, den geeigneten Mitarbeiter für eine bestimmte Stelle zu finden, oder Entwicklungspotenziale ihrer eigenen Mitarbeiter herauszufiltern und anhand derer Entwicklungsmaßnahmen abzuleiten.[15] Dies wird mit Hilfe von vorher definierten Anforderungsdimensionen gemessen.[16] AC simulieren den beruflichen Alltag. Die Übungen des Verfahrens sind so konzipiert, dass sie die vorab definierten Anforderungen für die zu besetzende Stelle bzw. die Stärken und Schwächen der eigenen Mitarbeiter von den Assessoren beobachtet werden können. Hierbei werden die Anforderungsdimensionen über unterschiedliche Feststellungsverfahren hinweg beobachtet. Dies geschieht unter der Prämisse, dass die Teilnehmer das in den simulierten Aufgaben gezeigte Verhalten auch im angestrebten Beruf zeigen.[17]

In der Personalarbeit lässt sich das AC als Verfahren unterschiedlich nutzen. Dies ist abhängig von der verfolgten Zielsetzung. Unterschieden wird u.a. zwi-

---

13   Vgl. Kleinmann, Assessment-Center, S. 70.
14   Obermann, Assessment Center, S. 356ff.
15   Breisig/Schulze, Das mitbestimmte Assessment Center, S. 36ff.
16   Obermann, Assessment Center, S. 9
17   Kleinmann, in: Sarges, Management-Diagnostik, S. 810.

schen dem Ziel, die aktuelle Kompetenz eines Mitarbeiters im Unternehmen bzw. Bewerbers festzustellen, oder aber jenem Ziel, die Prognose für die zukünftige berufliche Entwicklung von Mitarbeitern zu erfassen. Je nach Zielsetzung findet das AC als Instrument bei der Personalauswahl oder bei der Personalentwicklung Anwendung.[18] Eine Auflistung der wichtigsten Einsatzzwecke nach Schuler gibt die folgende Abbildung:

» Interne und externe Personalauswahl
» Laufbahnplanung
» Ausbildungsberatung
» Beurteilung und Potenzialberatung
» Trainingsbedarfsanalyse
» Teamentwicklung
» Berufsberatung

Abbildung 2: Die wichtigsten Einsatzzwecke von Assessment-Centern[19]

Der AK-AC stellte in seinem vorläufigen Ergebnisbericht zur Arbeitskreis Assessment-Center Studie 2012 fest, dass 46,7 % der befragten Unternehmen AC zur Personalauswahl, und 35,8 % zur Potenzialanalyse einsetzen (siehe Abb. 3). Somit werden AC am häufigsten in den Bereichen Personalauswahl und Personalentwicklung verwendet.

	Häufigkeit	Prozent
Personalauswahl	56	46,7
Potenzialanalyse	43	35,8
Entwicklungsmaßnahme	19	15,8
Sonstiges	2	1,7
Gesamt	120	100

Abbildung 3: Welche Ziele werden mit dem Assessment-Center verfolgt?[20]

---

[18]   Höft/Funke, in: Schuler, Lehrbuch der Personalpsychologie, S. 162.
[19]   Vgl. Schuler/Stehle, Assessment Center als Methode der Personalentwicklung, S. 4.
[20]   Aus Obermann/Höft/Becker, Die Anwendung von Assessment Centern im deutschsprachigen Raum, S. 6; mit freundlicher Genehmigung von © Arbeitskreis Assessment Center e.V. 2016. All Rights Reserved.

Assessment-Center in der Personalauswahl

Wie die Umfrage des AK-AC verdeutlicht hat, stellt das Personalauswahl-AC einen Einsatzschwerpunkt des AC-Verfahrens dar. Das Recruiting von Mitarbeitern ist ein zentraler und wichtiger Aspekt der Personalarbeit und hat umfassende Auswirkungen auf andere Unternehmensbereiche. Eine fehlerhafte Stellenbesetzung kann sowohl monetäre, als auch nicht monetäre Folgen mit sich bringen. Sei es durch die hohen Kosten, die durch eine Fehlbesetzung entstehen, oder durch den Motivationsverlust des ganzen Teams, sollte der neue Mitarbeiter nicht in die Unternehmenskultur passen, oder mit den Aufgaben überfordert sein.[21]

Ein AC zur Personalauswahl befasst sich dabei entweder mit der Auswahl externer oder interner Mitarbeiter. Es wird dabei das Ziel verfolgt, verlässliche und situationsübergreifende Informationen der Bewerber hinsichtlich der zu besetzenden Stelle zu sammeln und anhand derer den geeignetsten Bewerber auszuwählen. Die Aufgaben im AC sind auf die Anforderungen der zu besetzenden Stelle abgestimmt. Derjenige, der die Aufgaben am besten durchläuft, ist folglich der bestmöglich Geeignete für die Stelle, da er die Anforderungen der Stelle am geeignetsten erfüllt. Inwieweit ein Mitarbeiter zu dem Profil passt, wird durch den Abgleich der Leistung des Mitarbeiters mit dem für die Stelle zuvor definierten Anforderungsprofil gemessen.[22]

Assessment-Center in der Personalentwicklung

Neben der richtigen Auswahl von geeigneten Bewerbern für eine Stelle ist auch die Entwicklung der eigenen Mitarbeiter von großer Bedeutung. Im weiteren Sinne können auch Personalentwicklungs-AC für Personalauswahlzwecke genutzt werden. Sie bieten Unternehmen die Möglichkeit, Entwicklungsbereiche der eigenen Mitarbeiter aufzudecken und diese dann gegebenenfalls in Hinblick

---

[21]   Obermann, Assessment Center, S. 12.
[22]   Fisseni/Preusser, Assessment-Center, S. 28f.

auf eine später zu besetzende Stelle weiterzuentwickeln, anstatt sich am externen Markt zu bedienen. AC in der Personalentwicklung werden dafür genutzt, talentierte Mitarbeiter zu erkennen und für diese Förderungskonzepte zu erarbeiten. Sie bieten die Möglichkeit, Nachwuchskräfte dahingehend zu untersuchen, ob sie das Potenzial für eine Fach-, oder Führungslaufbahn besitzen.[23] Ergebnis des AC ist dabei ein Stärken- und Schwächen-Profil.[24]

Im Bereich der Personalentwicklung können AC in verschiedenen Varianten eingesetzt werden, je nach gewähltem Schwerpunkt. Hierbei kann der Fokus bspw. auf der Diagnose des Trainingsbedarfs liegen, ebenso wie auf der Feststellung des Potenzials von Mitarbeitern in Bezug auf weiterführende Stellen.[25] Vorteile ergeben sich neben dem Aufzeigen von Stärken und Schwächen des Mitarbeiters außerdem in Hinblick auf die Transparenz von zukünftiger Personalentscheidungen. Diese werden durch die Teilnahme der Mitarbeiter an Personalentwicklungs-AC transparent und nachvollziehbar gemacht und führen zu einer objektiven Durchführung des Entscheidungsprozesses.[26]

2.3 Aktuelle Entwicklung

AC erfreuen sich bis heute großer Beliebtheit und gehören zu den bekanntesten eignungsdiagnostischen Verfahren. Dies zeigt sich insbesondere dadurch, dass ihre Einsatzhäufigkeit in den letzten Jahren zugenommen hat.[27] Wie die Abbildung 4 zeigt, kommt auch der AK-AC in seiner Studie 2012, die in Abschnitt 2.2 bereits angeführt wurde, zu einem solchen Ergebnis. Im Vergleich zur Vorstudie im Jahr 2008 zeigt sich allerdings auch, dass in 2012 weniger Unternehmen angaben, AC eher zunehmend einzuführen. Wo im Jahr 2008 der Prozentsatz noch bei 59 % lag, sank er im Jahr 2012 leicht auf 55 %. Wie Abbildung 4 verdeutlicht, ist dies im Vergleich zur Studie aus dem Jahr 2001 aber immer noch ein Anstieg (53 %). Demgegenüber sind die Durchlaufhäufigkeiten der AC im

---

23 Fisseni/Preusser, Assessment-Center, S. 30.
24 Obermann, Assessment Center, S. 16.
25 Obermann, Assessment Center, S. 15f.; Lievens/Thornton III, in: Schuler, Assessment Center zur Potentialanalyse, S. 42.
26 Breisig/Schulze, Das mitbestimmte Assessment Center, S. 21.
27 Schuler, Wirtschaftspsychologie aktuell 2007, 27 (27); siehe auch Schuler et al., Zeitschrift für Personalpsychologie 2007, 60 (69).

Vergleich zu den Vorgängerstudien aus den Jahren 2001 und 2008 stark ge-
stiegen. Im Jahr 2001 gaben 27 % der Unternehmen an, ihre AC öfter als 15
Mal pro Jahr zu durchlaufen. Diese Prozentzahl stieg im Jahr 2008 auf 43 % an.
Im Jahr 2012 führen sogar 61 % der Unternehmen ihre AC mehr als 15 Mal pro
Jahr durch.[28] Durch den Vergleich dieser Werte wird deutlich, dass die Anwen-
dungshäufigkeit von AC zugenommen hat.

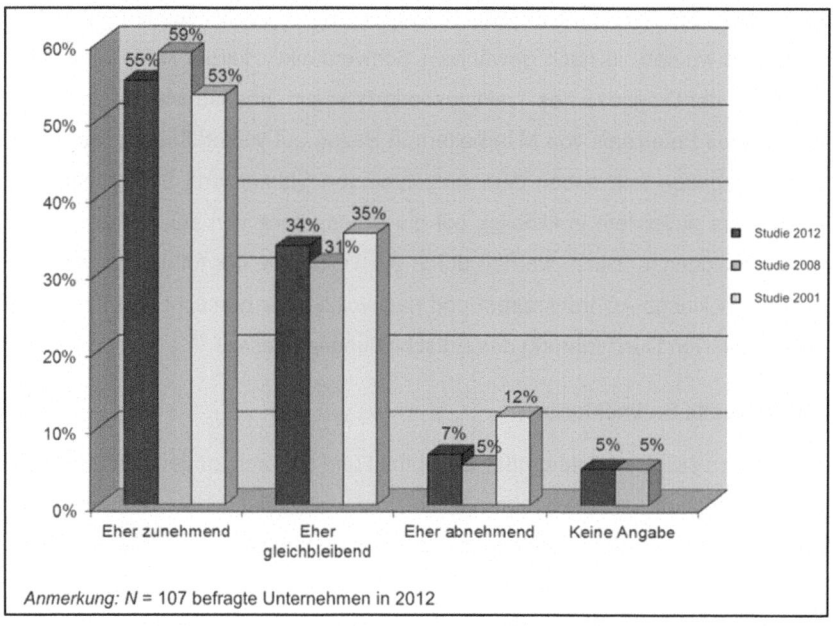

Abbildung 4: Assessment-Center - mehr oder weniger angewendet? [29]

Wie aus dem vorangegangenen Abschnitt deutlich wurde, werden AC im Bereich der Personalauswahl und -entwicklung eingesetzt. Auch hinsichtlich dieser
beiden Einsatzschwerpunkte wurde in der AK-AC Studie die Häufigkeit untersucht. Hier scheint sich in den letzten Jahren ein Wandel zugetragen zu haben,
in welchem AC häufiger für die Personalentwicklung Anwendung finden, als für

---

[28]   Aus Obermann/Höft/Becker, Die Anwendung von Assessment Centern im deutschsprachi-
       gen Raum, S. 5; mit freundlicher Genehmigung von © Arbeitskreis Assessment Center e.V.
       2016. All Rights Reserved.
[29]   Obermann/Höft/Becker, Die Anwendung von Assessment Centern im deutschsprachigen
       Raum, S. 4.

die Personalauswahl. Im Vergleich zu den Jahren 2008 und 2012 gab es einen deutlichen Abfall von AC mit dem Ziel der Personalauswahl und einen deutlichen Anstieg derer mit dem Ziel der Personalentwicklung.[30]

Ein weiterer zu beobachtender Trend der letzten Jahre wird mit Blick auf den aktuellen Forschungsstand als sehr positiv aufgefasst: Der Anstieg des Einsatzes von psychometrisches Testverfahren (insbesondere Intelligenz- und Persönlichkeitstests) im AC. Diese sollen zu einer Erhöhung der Validität beitragen[31] und sich positiv auf die Objektivität auswirken, da subjektive Wahrnehmungsverzerrungen seitens der Beobachter reduziert werden können.[32]

Vor einigen Jahren war der Einsatz psychologischer Testverfahren noch seltener. Schuler et al. stellten in ihrer Studie zur externen Personalauswahl in deutschen Großunternehmen fest, dass Persönlichkeits- und Intelligenztests nicht nur verhältnismäßig wenig eingesetzt werden, sondern der Einsatz im Vergleich zu den Vorstudien aus den Jahren 1985 und 1993 sogar rückläufig war.[33] Jüngere Umfragen können jedoch belegen, dass sich dieser Trend nicht fortgesetzt hat. In der Umfrage des AK-AC aus dem Jahr 2012 verwenden 40 % der befragten Unternehmen Intelligenz- und 43 % Persönlichkeitstests. Im Vergleich zu den Vorstudien gibt es einen deutlichen Trend nach oben (Anstieg von 2001-2012 von damals 19 %, auf jetzt 40 % und bei den Intelligenztests von damals 16 % auf jetzt 43 %).[34] Eine rückläufige Entwicklung zeigt sich hier demnach nicht, allerdings stammt die erste Vergleichsumfrage dieser Quelle aus dem Jahr 2001 und reicht nicht so weit zurück wie die Daten von Schuler et al.

---

[30] Obermann/Höft/Becker, Die Anwendung von Assessment Centern im deutschsprachigen Raum, S. 6; Obermann/Höft/Janke, Die Anwendung von Assessment Centern im deutschsprachigen Raum, S. 6; siehe auch Lievens/Thornton III, in: Schuler, Assessment Center zur Potenzialanalyse, S. 42.

[31] Schuler et al., Zeitschrift für Personalpsychologie 2007, 60 (69); Sarges, in: Sarges, Weiterentwicklung des Assessment Center-Methode, S. XVI; siehe auch Hossiep, in: Weiterentwicklung der Assessment Center-Methode, S. 53.

[32] Lehment, in: Jochmann, Innovationen im Assessment-Center, S. 125.

[33] Schuler, Wirtschaftspsychologie aktuell 2007, 27 (27); Schuler et al., Zeitschrift für Personalpsychologie 2007, 60 (63); siehe auch Schuler et al., Wirtschaftspsychologie 2006, 2 (3).

[34] Obermann/Höft/Becker, Die Anwendung von Assessment Centern im deutschsprachigen Raum, S. 11.

2.4 Abwandlungsmöglichkeiten

Werden Abwandlungsmöglichkeiten eines bestimmten Verfahrens diskutiert, stellt sich die Frage der Beschaffenheit des Grundkonstrukts, von welchem bei der Abwandlung ausgegangen wird. Hier jedoch ergibt sich in Hinblick auf das AC ein Problem. Ein Standard-AC, welches als Grundkonstrukt fungieren könnte, gibt es nicht.[35]

Jedes AC sollte im besten Fall durch eine Anforderungsanalyse und sorgfältige Konzeption für das jeweilige Unternehmen und den gewollten Zweck entwickelt und zugeschnitten werden. In der Literatur wird deshalb oft zwischen dem klassischen AC auf der einen und Weiterentwicklungen dieses auf der anderen Seite gesprochen.[36] Zusätzlich verwenden Unternehmen oft andere Bezeichnungen für das AC.[37] Wie zu Anfang dieses Kapitels beschrieben, gibt es je nach Zielsetzung verschiedene Bereiche in der Personalarbeit, für die das AC eingesetzt wird. Dabei ist die Gestaltung aber nicht nur von der Zielsetzung abhängig. Auch andere Faktoren, wie die Anzahl der Beobachter und Teilnehmer, Länge des Verfahrens, die angewandte Methodik etc. bestimmen, welche Art von AC angewendet wird.[38] Im Laufe der Jahre haben sich einige neue AC-Varianten herauskristallisiert. Im Folgenden werden drei dieser Abwandlungsmöglichkeiten näher vorgestellt und beleuchtet. Eine Auflistung weiterer bekannter Abwandlungsmöglichkeiten findet sich in Abbildung 5.[39]

Das Einzel-Assessment

Der wohl größte Unterschied des Einzel-Assessment-Centers zu dem klassischen Model ist die Anzahl der Teilnehmer. Wie der Titel schon vermuten lässt, durchläuft das Einzel-Assessment-Center nur ein einzelner Teilnehmer. Diese Art von AC findet insbesondere dann Anwendung, wenn tiefergehende Analy-

---

[35]   Breisig/Schulze, Das mitbestimmte Assessment Center, S. 31.
[36]   Fisseni/Preusser, Assessment-Center, S. 7f.
[37]   Obermann/Höft/Becker, Die Anwendung von Assessment Centern im deutschsprachigen Raum, S. 8.
[38]   Breisig/Schulze, Das mitbestimmte Assessment Center, S. 31.
[39]   Vgl. Fisseni/Preusser, Assessment-Center, S. 216ff.; Aldering, in: Jochmann, Innovationen im Assessment-Center, S. 225ff.

sen angestellt werden sollen und / oder der Wunsch der Diskretion hinsichtlich der AC-Teilnahme und des Ausgangs gegeben ist. Dieser Umstand ist insbesondere bei höherrangigen Personalentscheidungen der Fall, wenn die Personalauswahl oder -entwicklung von höherrangigen Managern oder High Professionals angestrebt wird. Die Kombination der Übungen kann dabei sehr vielfältig und unterschiedlich sein.[40]

Ein weiterer wesentlicher Unterschied zu dem klassischen AC liegt in der Regel weiterhin in der Abwesenheit einer Gruppenübung und der damit verbundenen zu beobachtenden Interaktion der Teilnehmer untereinander. Vorteile ergeben sich bei dieser AC-Variante insbesondere in Hinblick auf die Kosten, besonders bei mittelständischen Unternehmen. Einzel-Assessment-Center sind im Vergleich zu der klassischen Variante sehr viel günstiger und einfacher in der Organisation. Auf der negativen Seite ist jedoch die verhältnismäßig geringe empirische Untersuchungsgrundlage zu nennen, die trotz der relativ langen Anwendungsphase (seit den 50er Jahren) besteht.[41]

Das Lernpotenzial-Assessment-Center

Im Lernpotenzial-AC wird der Teilnehmer nicht nur anhand seines in den Aufgaben gezeigten Verhaltens beurteilt (Ist-Fähigkeiten), sondern außerdem entsprechend seiner Fähigkeiten im Prozess zu lernen. Dem liegt die Annahme zu Grunde, dass sich das Potenzial eines Teilnehmers im AC nicht nur an der in den einzelnen Aufgaben gezeigten Leistung misst, sondern sich außerdem in der Fähigkeit zeigt, gefordertes Verhalten erlernen zu können. Dadurch soll verhindert werden, dass Mitarbeiter mit dem Potenzial, die geforderten Fähigkeiten zu erlernen, im AC als nicht geeignet eingestuft werden, weil sie die geforderte Leistung in den Übungen nicht gezeigt haben.[42]

---

[40]	Sarges, in: Sarges, Management-Diagnostik, S. 825.
[41]	Obermann, Assessment Center, S. 356ff.
[42]	Obermann, Assessment Center, S. 368ff.

Erhoben wird das Lernpotenzial durch zwischengeschaltetes Feedback und einer Untersuchung der Leistungssteigerung in anschließenden Übungen.[43] Lernpotenzial definiert sich als eine Kombination von Lernbereitschaft und Lern-fähigkeit.[44] Auch in diesem Konstrukt gibt es verschiedene Möglichkeiten der genauen Gestaltung der Aufgaben, des Feedbacks und der Erhebung. Durch die erweiterte Betrachtung der Kandidaten in Hinblick auf deren Lernpotenzial wird der Ansatz verfolgt, eine Benachteiligung von Teilnehmern aufgrund schlechter Leistungen in den Übungen zu reduzieren und Fehlbesetzungen entgegenzuwirken.[45] Ob allerdings das zwischen den Aufgaben gemessene Lernpotenzial auf die spätere Stelle und die Lernfähigkeit dort übertragbar ist, bleibt fraglich.[46]

Assessment-Center in Kombination

Das AC ist auch in Kombination mit verschiedenen Methoden möglich. Ab-schnitt 2.3 hat die Möglichkeit von psychologischen Testverfahren bereits er-wähnt. Es findet hierbei ein Methodenmix statt, der die simulationsorientierten Aufgaben des klassischen AC mit anderen diagnostischen Verfahren verbindet, bspw. mit einem Interview, 360° Feedback oder Tests. Anwender erhoffen sich dadurch unter anderem Akzeptanzsteigerungen, höhere Validität und ökonomi-sche Einsparungen.[47] Die Idee der AC-Kombination wird in Abschnitt 3 vertie-fend aufgegriffen.

---

[43]   Sarges, in: Sarges, Weiterentwicklung des Assessment Center-Methode, S. 103.
[44]   Fisseni/Preusser, Assessment-Center, S. 224.
[45]   Obermann, Assessment Center, S. 368ff.
[46]   Obermann, Assessment Center, S. 375.
[47]   Runge/Scheid, in: Sünderhauf/Stumpf/Höft, Assessment Center, S. 260ff.

» Dynamische Assessment-Center
» Internationale Assessment-Center
» Orientation Center
» Self-Assessment
» Assessment-Center vor Ort
» Computergestützte Szenarien im Assessment-
Center

Abbildung 5: Weitere Assessment-Center Variationen[48]

2.5 Chancen und Risiken

Unternehmen sehen sich einem dynamisierten und schnelllebigen Markt ausgesetzt, in welchem sie sich stets flexibel auf die Umwelt einstellen müssen und ohne ökonomische Orientierung im Wettbewerb schnell untergehen. Auch die Personalarbeit rückt dadurch immer stärker in die ökonomische Betrachtung, denn Fehlbesetzungen sind kostspielig.[49] Auch der Mitarbeiter gilt heutzutage aus betriebswirtschaftlicher Sicht als Ressource, die es richtig einzusetzen gilt, damit das Unternehmen den größtmöglichen Nutzen aus ihm ziehen kann. AC sollen dabei helfen, diesen Nutzen für das Unternehmen zu verwirklichen.[50] Im folgenden Abschnitt sollen daher die Chancen und Risiken des Verfahrens kurz angeschnitten werden. Eine tiefergehende Darstellung kritischer Ansätze befindet sich in Abschnitt 3.2.

2.5.1 Chancen

AC können ein Unternehmen erfolgreich dabei unterstützen, der Entstehung hoher Kosten durch Fehlbesetzungen entgegenzuwirken.[51] Der Teilnehmer kann in für die Tätigkeit relevanten Aufgaben beobachtet und dessen Leistung erfasst werden. Indem das Unternehmen beobachten kann, wie der Teilnehmer mit für die Tätigkeit relevanten schwierigen Situationen umgeht, können Rück-

---

48 Quelle: Eigene Darstellung.
49 Breisig/Schulze, Das mitbestimmte Assessment Center, S. 18ff.
50 Vgl. Obermann, Assessment Center, S. 335f.
51 Breisig/Schulze, Das mitbestimmte Assessment Center, S. 26.

schlüsse über das Vorhandensein der nötigen Fähigkeiten getroffen werden.[52] In einem Gruppen-AC besteht des Weiteren die Möglichkeit des direkten Vergleichs verschiedener Kandidaten. Es kann festgestellt werden, bei welchem Teilnehmer noch Weiterentwicklungsbedarf besteht und in welchem Umfang Weiterentwicklungsmaßnahmen angebracht sind. Durch seine hohe Flexibilität und Abwandlungsfähigkeit kann und sollte das AC für den jeweiligen Zweck genau zugeschnitten werden. Vorteile ergeben sich auch aus Teilnehmersicht. Diese haben die Möglichkeit, tätigkeitsspezifische Aufgaben kennenzulernen und die eigenen Stärken und Schwächen in diesem Umfeld zu erleben.[53] Hinsichtlich seiner sozialen Validität (Teilnehmerakzeptanz) schneidet das AC im Verhältnis zu anderen Verfahren gut ab, lediglich das Interview konnte in der Untersuchung von Obermann zu diesem Thema bessere Ergebnisse erzielen.[54] Allerdings sind AC nicht immer das richtige eignungsdiagnostische Instrument für jedes Unternehmen. Es sollte anhand einer Kosten-Nutzen-Analyse genau überprüft werden, ob sich eine solche Investition lohnt.[55]

2.5.2 Risiken

In Bezug auf die Risiken, finden sich verschiedene Sichtweisen, von denen diese aus betrachtet werden können. In einem AC gibt es verschiedene Interessengruppen.[56] Für jede dieser Gruppen ist das Konstrukt AC mit Chancen und Risiken verbunden. Einige der hier aufgeführten Risiken können sich dabei auf beide Lager widerspiegeln. Die hier aufgeführten Bedenken sind dabei in keiner Weise als abschließend zu verstehen. Sie sind lediglich ein Abriss dessen, was alles zu bedenken ist und sollen als Denkanreiz und Hineinführung in das Thema dienen.

---

[52] Kleinmann, Assessment-Center, S. 14.
[53] Paschen/Weidemann/Turck/Stöwe, Assessment Center professionell, S. 22f.
[54] Obermann, Assessment Center. S. 330ff.; siehe auch Kelbetz, in: Sarges, Weiterentwicklung der Assessment Center-Methode, S. 294f.
[55] Siehe dazu Obermann, Assessment Center, S. 335ff.
[56] Breisig/Schulze, Das mitbestimmte Assessment Center, S. 43ff.

Kosten

Aus unternehmerischer Sicht ist ein Aspekt besonders wichtig bei der Entscheidung für oder gegen eine Maßnahme: Die Betrachtung der Kosten im Verhältnis zu dem Nutzen. Zwar sind AC selbst sehr kostspielig, bieten aber gleichzeitig die Möglichkeit, durch ein verbessertes Auswahlverfahren bestimmte Kosten zu verringern. Diese sind zum einen problemlos ermittelbare Kosten für Fehlbesetzungen (z.b. Kosten für Wiederbesetzung, Kosten hinsichtlich der Trennung des ursprünglichen Mitarbeiters) und zum anderen indirekte Kosten (z.b. Kundenverunsicherungen, ausbleibendes Engagement der Stelle).[57]

Demgegenüber stehen die Kosten in Euro, welche eine Implementierung eines AC in den Unternehmenskontext zur Folge hat. Wie hoch diese Kosten im Endeffekt ausfallen, ist vom Einzelfall abhängig. So unterscheiden sich bspw. die Angaben zu Teilnehmerkosten von Autor zu Autor stark (zwischen 500-3000 Euro pro Teilnehmer). Nur die reinen Kosten des Verfahrens als einzige Bezugsgröße zu verwenden, greift jedoch zu kurz und wird dem AC nicht gerecht.[58] Bei der Analyse sollten weitere Dinge bedacht werden. Auch die Akzeptanz und Implementierung im Unternehmen, sowie die Vorhersagegenauigkeit des Verfahrens für den späteren Berufserfolg spielen bei der Analyse eine Rolle. Schließlich muss das AC auch im Vergleich zu anderen eignungsdiagnostischen Methoden wie dem reinen Interview hinsichtlich seines Mehraufwandes in der Endbetrachtung von Vorteil sein.[59] Hinsichtlich des Nutzens von AC wurden einige Ideen entwickelt, wie dieser mit Hilfe einer Formel berechnet werden kann. Nähere Informationen dazu finden sich in den Ausführungen von Kleinmann.[60]

---

[57] Obermann, Assessment Center, S. 336.
[58] Kleinmann, Assessment-Center, S. 8.
[59] Obermann, Assessment Center, S. 336f.; für weiterführende Informationen siehe Obermann, Assessment Center, S. 337ff.; Kleinmann, Assessment-Center, S. 9ff.
[60] Kleinmann, Assessment-Center, S. 9ff.

Gewinner- und Verliererproblematik

Durch das AC sollen die Fähigkeiten und Potenziale der Teilnehmer erfasst und ausgewertet werden. Die berufliche Karriere jedes einzelnen Teilnehmers wird durch die Teilnahme am AC beeinflusst. Nicht jeder schneidet so ab, wie er es sich vielleicht erhofft hatte, andere möglicherweise besser als gedacht. Jedes AC bringt Gewinner und Verlierer hervor, da AC oft mit Selektion verbunden sind. Diese Problematik sollte bereits bei der Gestaltung und Implementierung bedacht werden. Insbesondere bei internen AC hat auch das Unternehmen Interesse daran, die ‚Verlierer‘ in angemessener Weise aufzufangen.[61]

Beobachter- und Bewertungsfehler

Beobachtungen und Bewertungen unterliegen subjektiven Einflüssen.[62] Eine sorgfältige vorhergehende Auseinandersetzung mit möglichen Beobachtungs- und Bewertungsfehlern können deren Auswirkungskraft minimieren. Während der Vorbereitungs- und Konzipierungsphase des AC und dem Beobachtertraining sollten diese als aktiver Faktor mit einfließen.[63] Denn *„[d]as AC-Urteil kann nicht besser sein als die Qualität der Beobachter".*[64] Eine Auflistung einiger wichtiger Beobachter- und Bewertungsfehler gibt die folgende Abbildung auf der nächsten Seite.

---

[61]   Breisig/Schulze, Das mitbestimmte Assessment Center, S. 138ff.
[62]   Breisig/Schulze, Das mitbestimmte Assessment Center, S. 129.
[63]   Eck/Jöri/Vogt, Assessment-Center, S. 32f.
[64]   Hossiep, in: Sarges, Weiterentwicklung der Assessment Center-Methode, S. 62.

Wahrnehmung durch die Beobachter	Formulierung bzw. Ausdruck durch Beobachter / Methode	Beobachtete
»Halo- Effekt« (sog. Überstrahlungseffekt eines ausgeprägten einzelnen Merkmals)	Zentrische Tendenz und andere Konstanzfehler, z.B. zu hohe bzw. zu geringe Ansprüche	Situationseinflüsse: AC als »Prüfungsverfahren«, Raum-Zeit; Störungen etc.
Erster Eindruck- von dem man sich nicht mehr löst	Unklare, mehrdeutige Begriffe werden verwendet	Gruppenzusammensetzung als Chance bzw. Hindernis
Stereotypien bzw. Antipathie bzgl. Teilnehmenden	Eloquenz und Stil (v.a. in den Abstimmungsrunden)	Beziehung zu Beobachtern
Kontrasterfahrung- eine besonders pos. / neg. unmittelbare Vorerfahrung bzgl. einer Aufgabe / Person verzerrt die neutrale Beurteilung der aktuellen Aufgabenerfüllung	»Policy making«, d.h. die Assessoren wollen den Personalentscheid in ihrem Sinne beeinflussen	Erwartungshaltung (sog. tendenziöse-Apperzeption bzw. persönliche AC-Theorien, z.B. »darauf kommt es an«, »die schauen auf...« etc., interne bzw. externe Kontrollüberzeugung)
Hierarchieeffekt- Einfluss des hierarchischen Status auf erwartete Leistung bzw. Verhalten		Stress und Stressmanagement

Abbildung 6: Häufige Beobachter- und Bewertungsfehler[65]

Inkompetente Handhabung

Werden Verfahren der berufsbezogenen Eignungsdiagnostik eingesetzt, ist es für das Ergebnis ausschlaggebend, von wem welches Instrument benutzt wird und vor allem in welcher Art und Weise dies getan wird. Die Qualität leidet, wenn die Handhabung nicht in angemessener Weise geschieht.[66] In Hinblick auf die heutige AC-Praxis sehen einige Psychologen die Qualität von AC durch immer häufigere inkompetente Handhabung bedroht. So bezeichnet Schuler das AC als „*Spielwiese von Laien*"[67] und Hossiep den Umstand, dass viele Unternehmensberatungen die Durchführung von Tests durch studentische Mitar-

---

[65]   Adaptiert nach Eck/Jöri/Vogt, Assessment-Center, S. 33; mit freundlicher Genehmigung von © Springer Fachmedien Wiesbaden 2016. All Rights Reserved.
[66]   Hossiep, in: Sarges, Weiterentwicklung des Assessment Center-Methode, S. 61.
[67]   Schuler, Wirtschaftspsychologie aktuell 2007, 27 (28).

beiter durchführen lassen - oft ohne psychologische Grundkenntnisse - als negativ.[68] Das Wer, Wie und Was liegt im Entscheidungsradius des jeweiligen Unternehmens und sollte zur optimalen Ausnutzung gut durchdacht sein.

---

[68]   Hossiep, in: Sarges, Weiterentwicklung des Assessment Center-Methode, S. 62.

3. Qualitative Betrachtung des Assessment-Centers

Hintergrund der Einführung von eignungsdiagnostischen Verfahren wie dem AC ist der Wunsch nach qualitativ hoher Personalarbeit. Um die Qualität von AC sicherzustellen und damit auch den hohen Kosten gerecht zu werden, empfiehlt es sich, AC messtechnisch zu evaluieren.[69] Eine Untersuchung bestimmter Messwerte ist wichtig bei der Betrachtung der Qualität. Daher unterliegt das AC einer sorgfältigen Prüfung anhand einer Reihe von Kriterien.[70] In diesem Kapitel wird das AC in Hinblick auf seine Qualität wissenschaftlich betrachtet. Hierfür werden die Messgütekriterien, die zur qualitativen Betrachtung des AC wichtig sind, kurz erläutert und anschließend diesbezüglich einige Kritik- und Problempunkte aus der Wissenschaft vorgestellt. Im anschließenden Teil werden Möglichkeiten zur Verbesserung der genannten Punkte betrachtet.

3.1 Gütekriterien

Auf AC finden die Testkriterien der klassischen Testtheorie Anwendung.[71] Die drei klassischen Gütekriterien sind

> ➤ Objektivität,
> ➤ Reliabilität,
> ➤ Validität.

Von diesen drei Kriterien gibt es unterschiedliche Varianten, die voneinander oft nicht scharf getrennt werden können.[72] Die wichtigsten Varianten werden im Folgenden kurz genannt. Für tiefergehende Informationen verweist die Autorin auf weiterführende Literatur.

Das Gütekriterium der **Objektivität** befasst sich mit der Intersubjektivität von AC-Aussagen. Es gibt an, inwieweit das Ergebnis in Unabhängigkeit zu dem jeweiligen Untersucher steht. Dabei werden verschiedene Arten der Objektivität

---

[69] Fisseni/Preusser, Assessment-Center, S. 236.
[70] Breisig/Schulze, Das mitbestimmte Assessment Center, S. 113.
[71] Breisig/Schulze, Das mitbestimmte Assessment Center, S. 114.
[72] Breisig/Schulze, Das mitbestimmte Assessment Center, S. 115.

voneinander abgegrenzt.[73] Unterschieden wird u.a. zwischen der *Durchfüh-rungsobjektivität,* der *Auswertungsobjektivität* und der *Interpretationsobjektivität.*[74] Die **Reliabilität** hingegen beschreibt die Zuverlässigkeit von eignungsdiagnostischen Verfahren. Die Ergebnisse eines AC sollten konstant bleiben, wenn sich äußere Einflüsse wie Situation und Proband nicht verändern. Auch im Hinblick auf die Reliabilität lassen sich verschiedene Aspekte betrachten. Diese sind u.a. die *Interrater-Reliabilität,* die *Retest-Reliabilität* und die *interne Konsistenz.*[75] Das dritte, und nach Fisseni/Preußer wichtigste Gütekriterium ist die **Validität.**[76] Diese befasst sich mit der Gültigkeit des diagnostischen Verfahrens.[77] Unterschieden werden auch hier verschiedene Ausprägungen. Eine Übersicht über die Ausprägungen der Validität findet sich in Abbildung 7.

Insbesondere die Validität von AC ist in den letzten Jahren in den Fokus von Untersuchungen von Psychologen gerückt. Bis zum Ende der 80er Jahre noch sehr hoch beurteilt, kamen in den letzten Jahrzehnten immer häufiger kritische Stimmen bezüglich der Validität von AC auf. [78]

---

[73]   Breisig/Schulze, Das mitbestimmte Assessment Center, S. 114ff.
[74]   Fisseni/Preusser, Assessment-Center, S. 237; für weiterführende Informationen siehe Fisseni/Preusser, Assessment-Center.
[75]   Obermann, Assessment Center, S. 277; für weiterführende Informationen siehe Obermann, Assessment Center, S. 277ff.
[76]   Fisseni/Preusser, Assessment-Center, S. 242.
[77]   Obermann, Assessment Center, S. 282.
[78]   Eck/Jöri/Vogt, Assessment-Center, S.185.

Validitäten	Bedeutung
Inhaltsvalidität, Augenscheinvalidität	Sind in den Inhalten der Übungen die Inhalte der Arbeitswelt abgebildet?
Konstruktvalidität (konvergente und divergente Validität)	Bildet das AC gültig bestimmte Persönlichkeitsmerkmale ab?
Konvergente Validität	Kommen bei der Messung gleicher Dimensionen mit unterschiedlichen Übungen ähnliche Ergebnisse zustande?
Divergente Validität	Unterscheiden sich innerhalb der einzelnen AC-Übungen die verschiedenen Dimensionen ausreichend?
Kriteriumsvalidität (konkurrente und prädiktive Validität)	Wie hoch ist der Zusammenhang zwischen dem Testergebnis und relevanten Außenkriterien?
Konkurrente Validität	Validitätsnachweis durch den Zusammenhang mit zeitgleich durchgeführten anderen Verfahren, die das gleiche zu messen beanspruchen
Prädiktive Validität	Nachweis, dass die Ergebnisse im AC eine Vorhersagekraft für später erhobene Praxiskriterien des beruflichen Erfolgs haben
Soziale Validität	Begriff für die Akzeptanz des AC
Faktorielle Validität	Wenn man die Dimension/Übungen in einem AC korreliert, lassen sich dann Faktoren abbilden, die der Theorie entsprechen?

Abbildung 7: Ausprägungen der Validitäten von Assessment-Centern[79]

3.2 Kritische Ansätze

Die folgenden Unterkapitel befassen sich mit einigen der aufgezeigten Gütekriterien und deren Ausprägungen tiefergehend. Sie sind oft Inhalt der Kritik, die AC neben den in Abschnitt 2.5.2 aufgezeigten Risiken entgegengebracht wird. Der Schwerpunkt der kritischen Stimmen liegt dabei auf dem Gütekriterium der Validität und dem Transfer der Befunde aus der Wissenschaft in die Praxis.

---

[79] Adaptiert nach Obermann, Assessment Center, S. 282; mit freundlicher Genehmigung von © Springer Fachmedien Wiesbaden 2016. All Rights Reserved.

3.2.1 Prädiktive Validität

Ein Aspekt, mit welchem sich Psychologen in den letzten Jahrzehnten in Bezug auf AC viel auseinander gesetzt haben, ist die prädiktive (bzw. prognostische) Validität. Sie ist eine Variante der Kriteriumsvalidität. Wie Abbildung 7 zeigt, beschreibt diese den Zusammenhang des AC-Ergebnisses mit bestimmten Außenkriterien. In den Untersuchungen zur prognostischen Validität wird gemessen, inwieweit die AC-Ergebnisse mit unabhängigen, externen Kriterien (z.b. Gehaltszuwachs, Beförderung, späterer Berufserfolg)[80] korrelieren. Erfolgt die Ermittlung zeitgleich, ergibt sich konkurrente Validität. Erfolgt sie zeitversetzt, liegt prädiktive (bzw. prognostische) Validität vor.[81] Wie in Abbildung 7 dargestellt, beschäftigt sich letztere mit der Frage, inwieweit die Ergebnisse im AC eine Vorhersagekraft für später erhobene Praxiskriterien des beruflichen Erfolgs haben. Die Validität kann demnach als das entscheidende Qualitätsmaß in Hinblick auf Qualitätseinschätzungen gesehen werden.[82] Insbesondere bei Personalauswahl-AC gilt die prognostische Validität als Absicherung dafür, dass die Ergebnisse des AC in empirisch nachweisbarer Beziehung zum späteren Berufserfolg stehen.[83]

Hinsichtlich der Frage, wie prognostisch valide AC sind und inwieweit sich diese Validität in den letzten Jahrzehnten (und somit die Qualität des AC) verändert hat, wird in der Wissenschaft unterschiedlich diskutiert. So sieht Schuler einen deutlichen Qualitätsschwund des AC hinsichtlich seiner psychometrischen Qualität in den letzten Jahrzehnten. In einem kritischen Artikel stellt er die Ergebnisse mehrerer Validitätsstudien der letzten Jahrzehnte gegenüber und vergleicht die dort ermittelten Korrelationskoeffizienten. Dabei fallen die Validitätskoeffizienten für neuere Studien geringer aus, als für ältere. Schuler interpretiert diese Zahlen als einen Abwärtstrend der Qualität des AC.[84] Auf Grund dessen wird

---

[80]   Breisig/Schulze, Das mitbestimmte Assessment Center, S. 120.
[81]   Hossiep, Berufseignungsdiagnostische Entscheidungen, S. 70.
[82]   Obermann, Assessment Center, S. 304.
[83]   Kleinmann/Strauß, in: Sarges, Weiterentwicklung der Assessment Center-Methode, S. 3.
[84]   Schuler, Wirtschaftspsychologie aktuell 2007, 27 (27ff.).

im Folgenden ein Blick auf einige Studien zur prognostischen Validität und deren ermittelten Koeffizienten geworfen.

Die ersten Ergebnisse zur prognostischen Validität publizierten Grant & Bray. Ihre auch historisch als wichtig einzuordnende Studie erfolgte im Jahr 1966 bei dem ehemaligen Telefonmonopolisten AT&T. Die Autoren stellten in ihrer *Management-Progress-Study* einen unkorrigierten Validitätskoeffizienten für die prädiktive Validität von r = .46 fest.[85] Einige Jahre später folgte die bisher umfangreichste und immer noch gültige Metaanalyse von Gaugler et al. (1987). Die dort festgestellten Validitätskoeffizienten zeigten im Vergleich zu Grant & Bray eine enorme Streubreite (r = .25 bis r = .78). Der für statistische und methodische Artefakte korrigierte mittlere Validitätskoeffizient berief sich auf p = .37.[86] Diese große Streubreite der Werte zeigt nach Schuler große Unterschiede in der Qualität der einzelnen Studien. Mit einem Wert von p = .37 hält er das AC noch für konkurrenzfähig im Vergleich zu anderen Verfahren. Erst die jüngere Studie von Hardison & Sackett (2007) führt Schuler zu seinen kritischen Aussagen.[87] Die in dieser Nachfolgeuntersuchung (nachfolgenden 20 Jahre) ermittelten Werte lagen bei p = .26 (durchschnittlicher, korrigierter Koeffizient).[88] Da Hardison & Sacket die Korrektur nur hinsichtlich mangelnder Kriteriumsreliabilität vorgenommen haben und nicht wie Gaugler et al. zusätzlich hinsichtlich Streuungseinschränkungen, stellt Schuler in seinem Vergleich die unkorrigierten Koeffizienten gegenüber (r = .22 vs. r = .29). Er sieht in dieser Gegenüberstellung den Beweis der gesunkenen psychometrischen Qualität des AC in den letzten Jahren. Auch die Konkurrenzfähigkeit des AC sieht Schuler durch die Werte eingeschränkt, da sich die Qualität anderer Verfahren (z.B. Einstellungsinterview) demgegenüber in den letzten Jahren verbessert haben soll. Zusätzlich führt Schuler an, dass die Analyse von Hardison & Sackett eine negative

---

Bray/Grant, Psychological Monographs: General and Applied 1966, 1 (1ff.).
[86] Gaugler et al., in: Schuler/Stehle, Assessment Center als Methode der Personalentwicklung, S. 45ff.
[87] Schuler, Wirtschaftspsychologie aktuell 2007, 27 (28).
[88] Hardison/Sackett, in: Schuler, Assessment Center zur Potenzialanalyse, S. 196ff.

Korrelation des Publikationsjahrs und der Validitätshöhe (r = -.25) aufweist, welche ihm die Bedenken eines fortlaufenden Abwärtstrends geben.[89]

Höft & Obermann haben sich Schulers Argumentation genähert und kritisch hinterfragt. Sie setzen die Ergebnisse in Relation zu zwei weiteren Studien. Holzenkamp et al. führten 2011 eine Metaanalyse zur prognostische Validität im deutschsprachigen Raum durch. Bisherige Metaanalysen bezogen sich lediglich auf die englischsprachige Umgebung.[90] Holzenkamp et al. ermittelten einen Koeffizientenwert von p = .36.[91] Im deutschen Raum zeigen sich demnach ähnliche Werte wie bei Gaugler et al. Ein verringerter Validitätskoeffizient wie bei Hardison & Sacket hat sich hier nicht ergeben. Bestätigt wurde dies durch eine weitere Studie im deutschsprachigen Raum von Benit & Soellner, die in ihrer Analyse einen Wert von p = .42 feststellten.[92] Schulers These, dass die Validität neuerer Studien geringer ausfällt als die von älteren, sehen Obermann & Höft dadurch als nicht bestätigt. Auch Schulers Argument des fortlaufenden Abwärtstrends der Validität hinterfragen sie kritisch. Sie führen an, dass bei näherer Betrachtung der Korrelation zwischen dem Publikationsjahr und der Validität sich bei Hardison & Sackett durch die Auslassung eines Validitätskoeffizienten aus dem Jahr 1983 lediglich eine negative Korrelation von r = -.12 ergibt.[93] Um diesen Punkt zu verdeutlichen, verweisen sie auf eine weitere Analyse von Hermelin, Lievens & Robertson (2007), in deren Studie sich lediglich eine Korrelation von r = -.05 zeigte.[94]

Die aufgeführten Argumentationen verdeutlichen, dass es durchaus kontroverse Meinungen in Hinblick auf die prädiktive Validität des AC gibt. Obermann & Höft konnten hervorbringen, dass die Thesen Schulers einer deutlichen Verschlechterung der psychometrischen Qualität von AC und einem fortlaufenden Ab-

---

[89]   Schuler, Wirtschaftspsychologie aktuell 2007, 27 (28).
[90]   Obermann/Höft, in: Gelléri/Winter, Potenziale der Personalpsychologie, S. 249ff.
[91]   Holzenkamp et al., Journal of Personnel Psychology 2011, 61 (66).
[92]   Benit/Soellner, Personalführung 2012, 32 (36).
[93]   Obermann/Höft, in: Gelléri/Winter, Potenziale der Personalpsychologie, S. 267; Hardison/
         Sackett, in: Schuler, Assessment Center zur Potenzialanalyse, S. 198.
[94]   Hermelin/Lievens/Robertson, International Journal of Selection and Assessment 2007,
         405 (406).

wärtstrend kritisch zu hinterfragen sind. Aus ihrer Argumentation wird deutlich, dass sich die prädiktive Validität von AC zwar nicht merklich verschlechtert hat, allerdings auch keine merkliche Verbesserung über die Jahre zu erkennen ist.[95] Dennoch zeigt sowohl die ältere Studie von Gaugler et al. als auch die neuere Studie von Holzenkamp et al. größtenteils befriedigende Validitäten für die unterschiedlichen Kriterien. Auf Grund dessen kann das AC als prognostisch valide angesehen werden.[96]

Erklärungsansätze für die unterschiedlichen Befunde

Für die großen Unterschiede in den Messwerten der Metaanalysen von 1987 und 2007 gibt es einige Erklärungsansätze. Zum einen könnte der Grund in einer unterschiedlichen metaanalytische Vorgehensweise liegen. Hardison & Sackett berücksichtigten Kriterien in ihrer Studie, für welche sich schlechtere Validitäten ergaben, die Gaugler et. al. nicht mit einbezogen. Zum anderen hat sich das Vorgehen in Hinblick auf die Forschungsberichte in den letzten Jahren verändert. In früheren Studien war es noch stärker als heute üblich, nur signifikante Ergebnisse zu publizieren. Viele Studien, die bei Gaugler et al. eingingen, entsprangen aus dieser früheren Zeit. Bei Hardison & Sackett ist dies nicht der Fall. Ein weiterer Erklärungsversuch liegt in Unterschieden der Streuungseinschränkung. Neue Studien haben eine stärkere Streuungseinschränkung als ältere. Aus Kosten- und Nutzensicht des AC findet eine verbesserte Vorauswahl der Teilnehmer statt als früher, die zu einer engeren Streuung der AC-Leistung führt.[97]

Allgemeine Überlegungen zur prognostischen Validität

Hinsichtlich der kriterienbezogenen Validität gibt es einige methodische Überlegungen, welche Gründe für das Vorfinden dieser darstellen könnten und bei der Bewertung der kriterienbezogenen Validität zu bedenken sind. Ein Einflussfak-

---

[95] Obermann/Höft, in: Gelléri/Winter, Potenziale der Personalpsychologie, S. 249ff.; Obermann, Assessment Center, S. 318.
[96] Kleinmann, Assessment-Center, S. 80f.; vgl. Lance, in: Schuler, Assessment Center zur Potenzialanalyse, S. 109.
[97] Hardison/Sackett, in: Schuler, Assessment Center zur Potenzialanalyse, S. 198f.

tor auf die Validität könnte die Unterscheidung zwischen *maximaler und typischer Leistung* im AC sein. In diesem stehen die Kandidaten unter wissentlicher Beobachtung und Leistungsbewertung. Dies könnte dazu führen, dass sie sich mehr anstrengen als im Alltag und eine Maximalleistung zeigen, die von ihrer typischen abweicht.[98]

Ein weiterer methodischer Einwand stellt die sogenannte *direkte und indirekte Kriterienkontamination* dar. Unter der *direkten Kriterienkontamination* wird der Umstand verstanden, dass spätere Karriere- und Aufstiegsentscheidungen von dem AC-Ergebnis beeinflusst werden. Dies kommt dadurch zu Stande, dass die Assessoren im AC oftmals auch in der weiteren Karriereentwicklung über Einfluss verfügen und die damals getroffene AC-Entscheidung bei Karriereentscheidungen Einfluss nimmt. Die *indirekte Kriterienkontamination* hingegen befasst sich mit der Problematik, dass die Beobachter, die selbst oft als Manager im Unternehmen tätig sind, die Kandidaten nicht anhand der vorgegebenen Beobachtungsdimensionen beurteilen. Stattdessen erfolgt die Bewertung unabhängig davon anhand ihres eigenen Wissens, welche Art von Eigenschaften für eine erfolgreiche Karriere im Unternehmen benötigt werden und für die spezifische Unternehmenskultur am besten seien.[99]

Einen weiteren Erklärungspunkt stellt die sogenannte *Self-fullfilling prophecy* dar. Diese verfolgt den Ansatz, dass Kandidaten, die erfolgreich durch ein AC laufen, von dem Erfolg beflügelt werden und durch den Glauben in die eigenen Fähigkeiten bestärkt auch im späteren Beruf eine entsprechende Performance zeigen. Abgelehnte Kandidaten hingegen in die entgegengesetzte Richtung angetrieben werden und eher Barrieren in ihrer beruflichen Entwicklung sehen und folglich auf besondere Anstrengungen verzichten.

Außerdem könnte die *Reaktivität* von AC die kriterienbezogene Validität dieser beeinflussen. Hier wird die Tatsache bedacht, dass sich die Teilnehmer wie auch im Beruf ,sozial intelligent' verhalten. In Bezug auf das AC versuchen sie,

---

[98]   Obermann, Assessment Center, S. 320f.
[99]   Breisig/Schulze, Das mitbestimmte Assessment Center, S. 124f.; Höft/Funke, in: Schuler, Lehrbuch der Personalpsychologie, S. 173f.

die oft nicht offen gelegten Anforderungsdimensionen zu erörtern und heraus-
zufinden, worauf es in den Aufgaben ankommt. Ihr Verhalten passen sie dann
ihren Überlegungen in den einzelnen Aufgaben an.[100]

Ausblick

In der Wissenschaft und Praxis wird das AC weiterhin als ein Verfahren gese-
hen, welches als prognostisch valide eingestuft wird.[101] Insbesondere in der
Metaanalyse von Gaugler et al. gibt es allerdings auch eine hohe Streuung der
Koeffizienten in den einzelnen Studien. Dies lässt darauf schließen, dass die
Qualität der in die Studien eingegangenen AC stark schwankt und nicht von
einer generellen Validität von AC ausgegangen werden sollte.[102] Diese ist abhängig von der Sorgfalt und der methodischen Strenge bei der Konstruktion und
Durchführung des AC.[103] Hardison & Sackett verweisen in ihrer Studie auf die
Tatsache, dass die Resultate nicht bedeuten „[...], dass der Einsatz eines AC
*kriterienbezogene Validität in allen Situationen oder für alle Kriterien sicher-
stellt".*[104] So ist das AC vermutlich so gut (bzw. so schlecht), wie die jeweilige
Umsetzung des AC im Unternehmenskontext. Auch sollte bei der Bewertung
der kriterienbezogenen Validität die oben genannten Alternativerklärungen bedacht werden.

Ein weiteres Problem bei der Untersuchung der prognostischen Validität liegt in
der untersuchten Stichprobe. Für eine methodisch saubere und exakte Validie-
rung müssten alle Kandidaten in die Untersuchung mit einfließen - auch diejenigen, die im AC schlecht abgeschnitten haben. Nur dann kann exakt untersucht
werden, ob das AC-Ergebnis ein Prädikator für den Erfolg bzw. Misserfolg in
der künftigen Stelle widerspiegelt. Dies ist jedoch in der Praxis sehr schwer um-

---

[100] Obermann, Assessment Center, S. 324f.; Kleinmann, in: Sarges, Management-Diagnostik,
S. 811.
[101] Siehe Kleinmann, in: Sarges, Management-Diagnostik, S. 810; Holzenkamp et al., Journal
of Personnel Psychology 2011, 61 (66), Kanning/Pöttker/Gelléri, Zeitschrift für Arbeits- und
Organisationspsychologie 2007, 155 (155).
[102] Görlich et al., in: Schuler, Assessment Center zur Potenzialanalyse, S. 231.
[103] Sichler, in: Sarges, Weiterentwicklung der Assessment Center-Methode, S. 19.
[104] Hardison/Sacket, in: Schuler, Assessment Center zur Potenzialanalyse, S. 199.

setzbar.[105] Fraglich bleibt auch die These, ob das AC im Vergleich zu anderen Verfahren immer noch konkurrenzfähig ist. Zwar steht es um die Validität nicht so schlecht, wie von Schuler befürchtet, jedoch stellt sich die Frage, ob das AC in jeder Situation das angebrachte Verfahren ist. Denn auch andere Verfahren wie Interview und Testverfahren sollten hinsichtlich ihrer Validität im Vergleich zum Aufwand nicht unterschätzt werden.[106]

3.2.2 Konstruktvalidität

Auch die Konstruktvalidität war in den letzten Jahrzehnten Bestandteil vieler Studien. Sie beschäftigt sich mit der Frage, ob das AC gültig bestimmte Persönlichkeitsmerkmale abbildet (siehe Abb. 7). Dieser Frage wird auf den Grund gegangen, indem die Beurteilungsdimensionen jeder AC-Übung auf ihre Zusammenhänge hin überprüft werden. AC sind dann konstruktvalide, wenn in den Arbeitssituationen (Aufgaben) wirklich die Fähigkeiten erfasst werden, die erfasst werden sollen. Wie in Punkt 3.2.1 erwähnt, ist die prognostische Validität der zentrale Gütemaßstab für Personalauswahl-AC. Im Bereich der Personalentwicklungs-AC ist dies die Konstruktvalidität.[107] Um die Konstruktvalidität empirisch festzustellen, bedienen sich Wissenschaftler hauptsächlich zweier Methoden. Das am häufigsten verwendete Modell ist der *Multitrait-Multimethod-Ansatz (MTMM)* von Campbell & Fiske.[108] Nach diesem Ansatz müssen für eine bestätigte Konstruktvalidität die Messungen des gleichen Konstrukts (auch Trait genannt) über unterschiedliche Messmethoden hinweg hoch korrelieren (*konvergente Validität*). Wohingegen Messungen verschiedener Konstrukte (Traits) auch bei der gleichen Methode einen geringen Zusammenhang aufweisen sollten *(divergente Validität)*. Außerdem sollte die *divergente (bzw. diskriminante)* Validität signifikant kleiner sein als die *konvergente* Validität.[109] Übertragen auf das AC stellen die situativen Übungen die Methoden dar und die Anforderungs-

---

[105] Sichler, in: Sarges, Weiterentwicklung der Assessment Center-Methode, S. 20.
[106] Obermann, Assessment Center, S. 327f.
[107] Kleinmann/Strauß, in: Sarges, Weiterentwicklung der Assessment Center-Methode, S. 3.
[108] Campbell/Fiske, Psychological Bulletin 1959, 81 (81ff.).
[109] Obermann, Assessment Center, S. 284.

dimensionen die Konstrukte.[110] Die Persönlichkeitsmerkmale sollten in einer Übung demnach genügend differenzierbar sein und sich voneinander abheben.[111]

Genau dies scheint aber nach den Forschungen der letzten Jahrzehnte nicht der Fall zu sein. Sackett & Dreher stellten 1982 fest, dass die Dimensionen des AC diesem Anspruch nicht gerecht werden. Sie untersuchten Urteile aus drei AC und stellten anhand des MTMM-Ansatzes Korrelationsmatrizen auf. Diese unterwarfen sie einer *Faktorenanalyse*.[112] Hierbei hätten sich Faktoren ergeben müssen, die die gemessenen Dimensionen repräsentieren und nicht die Methoden (Übungen), die zu ihrer Messung eingesetzt wurden.[113] Bezüglich der Faktorenanalyse zeigten sich bei Sackett & Dreher jedoch deutlich Übungsfaktoren.[114] Sie bilden nicht wie gedacht die Dimensionen, sondern die Übungen ab. Dies zeigte sich auch deutlich anhand der ermittelten Korrelationen. Die konvergente Validität betrug r = .07, wohingegen die divergente einen Wert von r = .64 erreichte. Die einzelnen Dimensionen korrelieren nicht über verschiedene Aufgaben hinweg, wohingegen unterschiedliche Dimensionen innerhalb einer Aufgabe hoch korrelieren.[115]

Diese Befunde beflügelten die Forschung, die herausgefundenen Korrelationen zu überprüfen. Eine Auflistung ausgewählter Studien und deren ermittelte Werte zeigt Abbildung 8. Die Feststellungen von Sackett & Dreher gaben außerdem Anstoß für Untersuchungen nach möglichen Ursachen für die geringe Konstruktvalidität. Hinsichtlich der Ursachen gibt es in der Forschung verschiedene Standpunkte. Einige sehen die mangelnde Konstruktvalidität in Fehlern be-

---

[110] Höft/Funkte, in: Schuler, Lehrbuch der Personalpsychologie, S. 174; Obermann, Assessment Center, S. 284.
[111] Obermann, Assessment Center, S. 284.
[112] Sackett/Dreher, Journal of Applied Psychology 1982, 401 (401ff.).
[113] Lance, in: Schuler, Assessment Center zur Potenzialanalyse, S. 111.
[114] Sackett/Dreher, Journal of Applied Psychology 1982, 401 (405f.).
[115] Sackett/Dreher, Journal of Applied Psychology 1982, 401 (401ff.); Kleinmann, Assessment-Center, S. 82f.

stimmter Gestaltungsmerkmale und Methodenfaktoren[116], wohingegen andere die Dimensionen in Bezug auf das AC gänzlich anzweifeln.[117]

Autoren	Konvergente Validität	Diskriminante Validität
Sackett & Dreher (1982)	.07	.64
Russell (1987)	.25	.53
Bycio, Alvares & Hahn (1987)	.37	.75
Harris, Becker & Smith (1993)	.33	.42
Kudisch, Ladd & Dobbins (1997)	.29	.41
Lance e. al. (2000)	.24	.55
Robie et al. (2000)	.39	.60
Lance, Foster et al. (2004)	.31	.78
Lance, Foster et al. (2004)	.32	.78

Abbildung 8: Untersuchungen zur Konstruktvalidität[118]

Dem Konzept der Konstruktvalidität liegt die Idee von Dimensionen zu Grunde, die relativ stabile Persönlichkeitsmerkmale abbilden, die innerhalb der Aufgaben ausreichend distinkt sind und über die Aufgaben hinweg hinreichend konsistent sein sollten.[119] Was ist jedoch, wenn das Teilnehmerverhalten gar nicht situationsübergreifend konsistent ist? Oder die Beobachter mit der Bewertung anhand von Dimension überfordert sind? Wie im vorherigen Kapitel dargelegt, liefert das AC prognostisch valide Aussagen. Auch Untersuchungen zur Inhaltsvalidität lieferten zufriedenstellende Ergebnisse.[120] Wie jedoch die Daten aus Abbildung 8 verdeutlichen, steht es um die Konstruktvalidität scheinbar nicht so gut. Es kommt dabei zu einem regelrechten Dilemma. Denn „[..] *within the unitarian framework, at a theoretical level, if a measurement tool demonstrates criterion-related validity and content-related validity, as has been established with assessment centers, it should also be expected to demonstrate construct-*

---

[116] Gaugler/Thornton, Journal of Applied Psychology 1989, 611 (611ff.); Woehr/Arthur/Meriac, in: Schuler, Assessment Center zur Potenzialanalyse, S. 81ff.
[117] Sackett/Dreher, Journal of Applied Psychology 1984, 187 (189); Sarges, in: Sarges: Management-Diagnostik, S. 821ff.
[118] Vgl. Kleinmann, Assessment-Center, S. 84.
[119] Kleinmann, Assessment-Center, S. 84.
[120] Siehe dazu Sackett, Personnel Psychology 1987, 13 (13ff.).

related validity.[121] Im Folgenden soll deshalb der wissenschaftliche Hintergrund der verschiedenen Ansätze vorgestellt werden.

3.2.2.1 Erhöhung der Konstruktvalidität durch Umgestaltung

Die Untersuchungsergebnisse von Sackett & Dreher gaben Anstoß für verschiedene Folgeuntersuchungen, die den Gründen für die fehlende Konstruktvalidität nachgegangen sind. Diese beeinflussenden Bedingungen können in drei Kategorien eingeteilt werden:

> ➢ Einschränkungen der Beobachter,
> ➢ Methoden- und designbezogene Faktoren,
> ➢ Teilnehmerbedingte Faktoren.[122]

Einige Studien, die sich mit diesen Einflussfaktoren auseinandergesetzt haben, werden im folgenden Abschnitt angeführt.

Einschränkungen der Beobachter

Die Befunde aus der Studie von Sackett & Dreher führten dazu, dass die Beobachter des AC schnell für die mangelnde Konstruktvalidität in Kritik gerieten. Kritik äußerte sich in Annahmen, dass die Beobachter nur unzureichend zwischen Beobachtung und Beurteilung trennen würden, gezeigtes Verhalten fehlerhaft den Anforderungsdimensionen zuordnen und unreliabel beurteilen würden. Die Frage der kognitiven Überlastung der Beobachter im AC kam auf. [123]

Woehr & Arthur (2003), bzw. in erweiterter Form Woehr, Arthur & Meriac (2007) untersuchten in einer Metaanalyse verschiedene Moderatoren für die Konstruktvalidität. Nach Ihren Ergebnissen führen insbesondere die Faktoren, die die kognitive Belastung der Beobachter reduzieren, zu einer höheren konver-

---

[121] Woehr/Arthur, Journal of Management 2003, 231 (233); *[..] in einem einheitlichen Rahmen, auf einer theoretischen Basis wird erwartet, dass wenn ein Messinstrument kriterienorientierte und inhaltsorientierte Validität aufweist, so wie es beim AC nachgewiesen ist, es außerdem auch konstruktorientierte Validität zeigen sollte.*
[122] Obermann, Assessment Center, S. 288.
[123] Höft/Funke, in: Schuler, Lehrbuch der Personalpsychologie, S. 175.

genten Validität.[124] So wirkte sich die Beobachterschulung (r = .35 vs. kein Training r = .29) und eine reduzierte Anzahl an Dimensionen (r = .36 vs. hohe Anzahl r = .25) positiv aus. Allerdings sank mit dem Anstieg der Dimensionen auch die diskriminante Validität. Die Autoren führen dies auf den Grad der Kovarianz zwischen den Dimensionen zurück. Sie stellen die Vermutung auf, dass Dimensionen im AC möglicherweise nicht so unabhängig voneinander sein könnten, wie vom klassischen MTMM-Ansatz zur Ermittlung der diskriminanten Validität gefordert (Messen unabhängiger Konstrukte). Die Ergebnisse legen nahe, dass sich die Abhängigkeit der Dimensionen mit steigender Anzahl erhöht, wodurch die Bedeutung von einer geringeren Anzahl an Dimensionen bestärkt wird.[125] Auch Gaugler & Thornton kamen zu dem Ergebnis eines positiven Effekts von weniger Dimensionen auf die konvergente Validität.[126] Zusätzlich zeigte sich in der Studie von Woehr, Arthur & Meriac, dass die Bewertung der Anforderungsdimensionen über alle Übungen hinweg (im Gegensatz zu der Beurteilung nach jeder Übung) zu einer besseren konvergenten Validität führt (r = .43 vs. r = .28). Allerdings war auch hier die divergente Validität mit r = .50 höher als die konvergente mit r = .43.[127] Dies bestätigte die Befunde von Silverman et al., die 1986 zu ähnlichen Ergebnissen kamen. Silverman et al. führten die steigende konvergente Validität darauf zurück, dass die Beurteilung nach jeder Aufgabe die Beobachter dazu anregt, die Informationen auch nach Übungen zu sortieren, wohingegen die Bewertung am Ende die Beobachter dazu anregt, diese in Dimensionen einzuteilen.[128]

Außerdem wurde untersucht, ob der berufliche Hintergrund der Assessoren und ein geringeres Verhältnis von Beobachtern zu Kandidaten Auswirkungen auf die Konstruktvalidität haben könnten. In den Untersuchungen von Woehr, Arthur & Meriac konnte eine positive Auswirkung eines geringen Teilnehmer- zu Beobachterverhältnisses allerdings nicht bestätigt werden. Die Autoren merkten jedoch an, dass dies durch ein geringes Teilnehmer-pro-Beobachterverhältnis

---

[124]   Kleinmann, Assessment-Center, S. 85.
[125]   Woehr/Arthur/Meriac, in: Schuler, Assessment Center zur Potenzialanalyse, S. 91ff.
[126]   Gaugler/Thornton, Journal of Applied Psychology 1989, 611 (616).
[127]   Woehr/Arthur/Meriac, in: Schuler, Assessment Center zur Potenzialanalyse, S. 96.
[128]   Silverman et al., Personnel Psychology 1986, S. 565 (573f.).

der in die Metaanalyse eingegangenen Studien liegen könnte.[129] Sagie & Magnezy erforschten den Hintergrund der Assessoren in Hinblick auf das AC und stellten eine Bedeutung des beruflichen Hintergrunds der Assessoren auf die AC-Beurteilung fest. In ihrer Studie berücksichtigten sie das Beobachterverhalten von Managern und Psychologen. Die Schätzungen der Psychologen bildeten in ihren Auswertungen alle Dimensionen ab, die der Manager lediglich zwei.[130] Demnach können Psychologen gut (in der Studie von Sagie & Magnezy sogar besser als Manager) zwischen den Dimensionen differenzieren. Bestätigt wurde dies teilweise durch Untersuchungen von Lievens, der eine Überlegenheit von Psychologen und Managern hinsichtlich der Differenzierungsfähigkeit nach Dimensionen gegenüber Studenten feststellte.[131] Zu ähnlichen Befunden kamen außerdem Woehr & Arthur.[132]

In Hinblick auf die Einschränkungen durch Beobachter wurde weiterhin untersucht, inwieweit die Rotation der Beobachter Auswirkungen auf die Konstruktvalidität haben könnte. Die Teilnehmer im AC sehen in der Regel unterschiedliche Beobachterkonstellationen in den verschiedenen Übungen. Von Aufgabe zu Aufgabe wechseln die Beurteiler für einen bestimmten Kandidaten (Beobachterrotation). Fraglich hierbei ist, ob die geringe konvergente Validität nicht in Wirklichkeit auf die Unterschiedlichkeit der Beobachter zurückzuführen ist.[133] Untersuchungen dazu liefern Lammers & Holling. Sie untersuchten den Einfluss der Beobachterrotation zuerst anhand eines Labor-AC, und überprüften die Ergebnisse in einem zweiten Schritt in einem Unternehmens-AC. Dabei konnte das Unternehmens-AC die Resultate des Labor-Experiments bestätigen und einen Einfluss der Interrater-Reliabilität auf die Konstruktvalidität feststellen.[134]

Eine weitere Analyse hierzu liefert Höft. Auch er untersuchte, inwieweit die oben genannten Befunde der Konstruktvalidität auf die Beobachter zurückzuführen

[129] Woehr/Arthur/Meriac, in: Schuler, Assessment Center zur Potenzialanalyse, S. 91ff.
[130] Sagie/Magnezy, Journal of Occupational & Organizational Psychology 1997, 103 (106f.).
[131] Lievens, Journal of Applied Psychology 2002, 675 (684).
[132] Woehr/Arthur, Journal of Management 2003, 231 (233).
[133] Obermann, Assessment Center, S. 291.
[134] Lammers/Holling, Zeitschrift für Differenzielle und Diagnostische Psychologie 2000, 270 (277).

sein könnten. Auch in seinen Untersuchungen konnte eine unterschiedliche Leistung der Beobachter bei der Bewertung festgestellt werden. Höft führt dafür zwei Erklärungsansätze an. So könnte die unterschiedliche Bewertung entweder durch individuelle Bewertungsmaßstäbe der Beobachter erklärt werden, oder durch die Tatsache, dass die Beobachter bei der Bewertung unzureichend zwischen den Dimensionen unterscheiden und einen Halo-Fehler (siehe Abb. 6) begehen.[135] Auch wenn hier nur vermutet werden kann, worauf die einzelnen Beobachter ihre Bewertungen in den Studien genau stützen, verdeutlichen diese Befunde die Notwendigkeit einer fundierten und gut konstruierten Beobachterschulung.

Methoden- und designbezogene Unzulänglichkeiten

Weitere Ursachen für die mangelnde Konstruktvalidität könnten sich in methoden- und designbezogenen Faktoren zeigen. Untersucht wurde unter anderem, inwieweit die Art der Dimensionen und Übungen Ursachen für das Konstruktvaliditätsparadoxon darstellen könnten. Schuler & Guldin untersuchten die inhaltliche Passung verschiedener Dimensionen zum Traitkonzept. Sie stellten fest, dass Anforderungsdimensionen besser erfasst werden können, wenn ihre Konstruktion in Anlehnung an Persönlichkeitsmerkmalen geschieht.[136] Einen weiteren Ansatz liefern Lievens et al. Sie legten den Fokus auf die Übungen im AC. Sie analysierten, inwieweit die Eigenschaft der Übungen, die Dimensionen gut messen zu können, Auswirkungen auf die Konstruktvalidität haben könnte. Sie entdeckten, dass die konvergente Validität höher ist, wenn die unterschiedlichen Übungen, welche die gleichen Dimensionen messen sollen, sich gleich gut zur Messung eignen.[137] In einer weiteren Untersuchung von Kleinmann et al. wurde die Konstruktvalidität außerdem in Hinblick auf die Unabhängigkeit und Beobachtbarkeit von Anforderungsdimensionen analysiert. Dabei wurde deutlich, dass es inhaltlich ähnliche Dimensionen den Beobachtern erschwer-

---

[135] Höft, in: Schuler, Assessment Center zur Potenzialanalyse, S. 274ff.
[136] Schuler/Guldin, Diagnostica 1997, 230 (230ff.); Kleinmann, Assessment-Center, S. 29.
[137] Lievens et al., Journal of Applied Psychology 2006, 247 (247ff.); Obermann, Assessment Center, S. 295.

ten, das jeweilige beobachtete Verhalten den jeweiligen Konstrukten zuzuordnen.[138]

Weitere Untersuchungen beschäftigen sich mit der Gestaltung des Beurteilungssystems als mögliche Ursache für die Konstruktvalidität. Reilly, Henry & Smither untersuchten den Einsatz von Verhaltenschecklisten auf die Konstruktvalidität. In einem Quasi-Experiment analysierten sie den Einfluss von Verhaltenschecklisten auf die Konstruktvalidität. Dabei erhöhte der Einsatz von Verhaltenschecklisten die durchschnittliche konvergente Validität im Vergleich zu einer freien Beobachtungen ohne Checklisten von $r = .24$ auf $r = .43$ und senkte die diskriminante Validität von $r = .47$ auf $r = .41$. Somit war bei dem Einsatz von Verhaltenschecklisten die konvergente Validität sogar leicht höher als die diskriminante.[139] Zu ähnlichen Befunden kamen auch Lievens & Conway. Sie stellten u.a. fest, dass Verhaltenschecklisten die Dimensionsvarianz erhöhen.[140]

Teilnehmerbedingte Faktoren

Einige Ansätze beschäftigen sich mit teilnehmerbedingten Faktoren als Einflussfaktor der Konstruktvalidität. Eine Überlegung beschäftigt sich mit der These der unterschiedlichen Wahrnehmungsfähigkeit der Teilnehmer. Sollten diese in der Lage sein, die Anforderungsdimensionen in unterschiedlichem Ausmaß zu erkennen, könnte dies Einfluss auf die konvergente Validität haben. Kleinmann beschäftigte sich mit dieser These in mehreren Studien. In einer führte er ein eintägiges AC durch, welches aus fünf Übungen bestand. Die Teilnehmer (Studenten) sollten für die einzelnen Übungen Hypothesen über die bewerteten Anforderungsdimensionen anstellen. Diese wurden im Anschluss auf ihre Richtigkeit hin kontrolliert und mit den Beobachterurteilen abgeglichen. Kleinmann konnte feststellen, dass die Teilnehmer in unterschiedlichem Ausmaß dazu fä-

---

[138] Kleinmann et al., Zeitschrift für Arbeits- und Organisationspsychologie 1995, 22 (22ff.); Kleinmann, Assessment-Center, S. 29.
[139] Reilly/Henry/Smither, Personnel Psychology 1990, 71 (79f.).
[140] Lievens/Conway, Journal of Applied Psychology 2001, 1202 (1210f.).

hig sind, die Anforderungsdimensionen zu erkennen.[141] Er bezeichnet diese Fähigkeit in späteren Studien auch als ATIC (Ability to identify criteria).[142]

Die Teilnehmer, die die richtigen Anforderungsdimensionen erkannten, wurden von den Beobachtern besser bewertet als diejenigen, die dazu nicht in der Lage waren. Das Erkennen der richtigen Anforderungsdimensionen in den Übungen beeinflusste außerdem die Höhe der konvergenten Validität. Die Bewertung der Teilnehmer durch die Assessoren fiel dann besser aus, wenn die Teilnehmer identische Anforderungen über unterschiedliche Übungen hinweg erkannten und sich dementsprechend verhielten. Erkennen Teilnehmer die gleichen Dimensionen über unterschiedliche Aufgaben hinweg und verhalten sich dementsprechend, führt dies zu einer höheren Übereinstimmung der Bewertung anhand der Dimensionen im Sinne der konvergenten Validität.[143] In einer weiteren Studie konnte Kleinmann die Befunde bestätigen. So führte die Transparenz der Anforderungsdimensionen im AC in seiner zweiten Studie zu einer Erhöhung der konvergente Validität, wenn die Teilnehmer ihr Verhalten anhand der Dimensionen orientierten.[144]

Fraglich jedoch ist, welche Konsequenzen sich aus einer Transparenz der Dimensionen ergeben. Insbesondere ist dies in Hinblick auf die prädiktive Validität interessant. Im Abschnitt 3.2.1 wurde die soziale Intelligenz als Einflussfaktor auf die prädiktive Validität kurz vorgestellt. Kleinmann ist auch dieser Frage in einer Studie nachgegangen und konnte feststellen, dass ein Zusammenhang zwischen konvergenter und prädiktiver Validität hinsichtlich der Anforderungstransparenz besteht. Während die Konstruktvalidiität bei Bekanntgabe der Dimensionen sich wie schon in der Vorgängerstudie gezeigt verbessert, nimmt die Kriteriumsvalidität demgegenüber mit Bekanntgabe ab. Dies könnte dadurch erklärt werden, dass die Kandidaten, die die Fähigkeit zum Erkennen von sozial angemessenem Verhalten in der jeweiligen Situation besitzen, diese auch im

---

[141] Kleinmann, Journal of Applied Psychology 1993, 988 (988ff.).
[142] Kleinmann et al., Organizational Psychology Review 2001, 128 (129).
[143] Kleinmann, Journal of Applied Psychology 1993, 988 (988ff.).
[144] Kleinmann/Kuptsch/Möller, Applied Psychology 1996, 67 (67ff.); Kleinmann/Strauß, in: Sarges, Weiterentwicklung der Assessment Center-Methode, S. 9f.

späteren Job nutzen und dadurch bessere Entscheidungen treffen können.[145] Auch konnte ein zweites Mal in dieser Studie bestätigt werden, dass die Kandidaten besser abschneiden, die bei intransparenten AC die Anforderungen erkennen (also eine hohe ATIC ausweisen) und sich demnach verhalten, als diejenigen, die die Anforderungen teilweise, oder gar nicht errieten.[146]

Auch Lievens befasste sich mit teilnehmerbedingten Einflüssen auf die Konstruktvalidität. In einer Studie untersuchte er unterschiedliches Teilnehmerverhalten. Er benutze Videomaterial, in welchem (manipuliertes) Teilnehmerverhalten einer Gruppe von verschiedenen Beobachtern gezeigt wurde (Psychologen, Managern oder Studenten). Das Verhalten eines Kandidaten war entweder konsistent, oder variierte über die Übungen hinweg, und war zusätzlich entweder relativ differenziert oder homogen innerhalb der Aufgaben. Das Ergebnis seiner Studie war, dass eine zufriedenstellende konvergente Validität dann gefunden wurde, wenn sich die Teilnehmer über die Aufgaben hinweg konsistent verhielten und diskriminante Validität dann bestand, wenn ihr Verhalten innerhalb der Aufgaben differenziert war. Dies könnte bedeuten, dass der Rückschluss bei nicht vorhandener Konstruktvalidität Fehler und Mängel im Verfahren zu vermuten, fälschlich war. Hier liegt die Idee zu Grunde, dass sich die Kandidaten zwischen den Übungen konsistent und innerhalb der Übungen differenziert verhalten.[147] Möglicherweise liegt genau hier das Problem, *„[…] because the nature of candidates performance may be a limiting factors to establish evidence for construct validity".*[148]

3.2.2.2 Abwendung von Dimensionen

Neben den eben beschriebenen Überlegungen für die Gründe des Konstruktvaliditätsproblems sind auch weitere, zum Teil sehr gegensätzliche Ansätze in der Wissenschaft diskutiert worden. Lance plädiert in einem zusammenfassen-

---

[145] Kleinmann/Strauß, in: Sarges, Weiterentwicklung der Assessment Center-Methode, S. 12.
[146] Kleinmann/Strauß, in: Sarges, Weiterentwicklung des Assessment Center, S. 7ff.; Kleinmann, Assessment-Center: Stand der Forschung, S. 197ff.
[147] Lievens, Journal of Applied Psychology 2002, 675 (675ff.).
[148] Lievens, Journal of Applied Psychology 2002, 675 (683); *weil das typische Kandidatenverhalten selbst ein beschränkender Faktor für das Nachweisen von Konstruktvalidität sein könnte.*

den Artikel dafür, dass auf das Bemühen um die Konstruktvalidität gänzlich verzichtet werden sollte. Er fordert eine Abkehr von dem klassischen dimensionsbasierten AC. Als Begründung führt er an, dass sich zwar (wie im vorherigen Abschnitt erläutert) durchaus Verbesserungen der konvergenten Validität durch verschiedene Design- und Methodenveränderungen erzielen lassen, diese jedoch oftmals den Umstand, dass die Übungseffekte größer sind als die Dimensionseffekte, nicht zu lösen vermögen. Er hält die Anwendung des MTMM-Ansatzes auf den AC-Kontext für abwegig, da durch die Zuordnung von Dimensionen zu Eigenschaften und von Aufgaben zu Methoden eine implizite Varianzaufteilung der Dimensionsbeurteilung durchgeführt wird. In den Anteil der Varianz, der den Dimensionen zuzuschreiben ist und den, der den Aufgaben zugewiesen wird. Erstere ist dabei die gewünschte Varianz, die nach dem klassischen Ansatz hoch ausfallen sollte.[149] Lance hält diese Varianzaufteilung für fehlerhaft, da für ihn die in vielen Studien festgestellte Aufgabeneffekte (siehe Abb. 8) keine Messfehler darstellen, sondern wahre Werte, die das *„Ergebnis situationsübergreifend spezifischer Leistung sind"*.[150]

Des Weiteren haben die Untersuchungen von Lievens (siehe oben) nach Lance gezeigt, dass die Beurteilungen durch die Beobachter nicht fehlerhaft sind, sondern genau das widerspiegeln, was in dem manipulierten Teilnehmerverhalten in Lievens Experiment gezeigt wurde. Denn eine zufriedenstellende konvergente Validität wurde dann gefunden, als sich die Teilnehmer über die Aufgaben hinweg konsistent verhielten und diskriminante Validität, wenn ihr Verhalten innerhalb der Aufgaben differenziert war.[151] Folglich sieht Lance das Problem nicht in der fehlenden Konstruktvalidität, da AC nach seiner Meinung gut funktionieren. Lediglich die valide Erfassung von Teilnehmerverhalten auf Anforderungsdimensionen scheint problematisch zu sein. Diese setze situationsübergreifend konsistentes Verhalten der Kandidaten voraus, welches in der Realität nicht gegeben ist.[152] Deshalb wirbt er für eine Distanzierung von dem klassi-

---

[149] Lievens/Conway, Journal of Applied Psychology 2001, 1202 (1208f.).
[150] Lance, in: Schuler, Assessment Center zur Potenzialanalyse, S. 155f.
[151] Lievens, Journal of Applied Psychology 2002, 675 (683).
[152] Lance, in: Schuler, Assessment Center zur Potenzialanalyse, S. 120.

schen dimensionsorientierten Aufbau des AC. Ähnlicher Meinung ist auch Sarges, der auch für eine Abkehr von Dimensionen plädiert.[153] Schon Sackett & Dreher schlugen nach ihrer Entdeckung der fehlenden Konstruktvalidität vor, auf die klassischen Beurteilungsdimensionen zu verzichten und das Verhalten anhand wichtiger Managerrollen einschätzen zu lassen.[154]

Demgegenüber gibt es allerdings auch viele kritische Stimmen zu diesem Ansatz.[155] Insbesondere im Bereich der Personalentwicklungs-AC stellt sich bei einer dimensionslosen Beurteilung der Kandidaten die Frage der Feedbackgestaltung. Ein großer Gegenpunkt ist, dass Feedback anhand psychologischer Konstrukte von den Kandidaten erwartet wird. Es ist deshalb fraglich, inwieweit dem Teilnehmer ein Feedback, er habe eine Aufgabe zu 75 % erfüllt, verständlich ist und für seine weitere Entwicklung von Nutzen sein kann.[156]

Ausblick

Die dargestellten Studien haben gezeigt, dass die Konstruktvalidität des AC in der Vergangenheit viele Fragen in der Wissenschaft aufgeworfen hat. Auch wurden einige Ansätze deutlich, die zu einer verbesserten Konstruktvalidität führen könnten. Die Tatsache, dass sich die Varianz des Teilnehmerverhaltens eher durch Übungseffekte, als durch Dimensionseffekte erklärt, bleibt jedoch bestehen. Verschiedene Lager gehen von verschiedenen Ursachen aus. Ob die Abkehr vom dimensionsorientierten AC das Problem löst, oder sich die Konstruktvalidität doch durch Veränderungen des AC-Designs verbessern lässt, bleibt noch durch weitere Studien zu untersuchen.

3.2.3 Transfer zwischen Wissenschaft und Praxis

Wie die ersten beiden Abschnitte dieses Kapitels zeigen, ist das AC im Bereich der Wissenschaft ein viel erforschtes Objekt. Nur ein ausgewählter Teil der Fül-

---

[153]   Sarges, in: Sarges, Management Diagnostik, S. 819ff.
[154]   Sackett/Dreher, Journal of Applied Psychology 1984, 187 (189f.).
[155]   Siehe Woehr/Arthur/Day, Industrial and Organizational Psychology 2008, 105 (105ff.); Melchers/König, Industrial and Organizational Psychology 2008, 125 (125ff.); Rupp/ Thornton/Gibbons, Industrial and Organizational Psychology 2008, 116 (116ff.).
[156]   Kleinmann, Assessment-Center, S. 35; Moses, Industrial and Organizational Psychology 2008, 134 (136).

le an Studien, die zu diesem Thema existieren, konnten im vorherigen Kapitel abgebildet werden. Ein weiterer interessanter Punkt in Hinblick auf die Qualität von AC ist die Frage, ob die Erkenntnisse aus der Wissenschaft auch in die AC-Praxis übergehen. Nur so können wissenschaftliche Erkenntnisse zu einer besseren Qualität in der Praxis führen. Die wissenschaftlichen Studien werden oftmals von Psychologen durchgeführt, die mithilfe von statistischen Zusammenhängen und psychologischen Modellen Aspekte des AC untersuchen und gegebenenfalls Verbesserungen für die Praxis ableiten.[157] So wird die Meinung vertreten, AC könnten ihren Nutzen nur dann entfalten, wenn die Erkenntnisse aus der Forschung auch beherzigt würden.[158]

Um der Frage, inwieweit eine Umsetzung der Erkenntnisse aus der Wissenschaft in der Praxis geschieht, nachzugehen, führten Kanning, Pöttker & Gellèri eine Umfrage bei deutschen Großunternehmen durch und erfragten, inwieweit ausgewählte wissenschaftliche Qualitätskriterien der AC-Methode in der Praxis umgesetzt werden. Die Ergebnisse werden von den Autoren als *„erfreulich, verbesserungswürdig und sehr bedenklich"* beschrieben.[159] So zeigte sich, dass die Werte der Umfrage sehr unterschiedlich ausfielen. Einige Standards wurden von der Praxis gut umgesetzt, andere gar nicht. Allerdings ist die Auswahl und der Inhalt der von Kanning, Pöttker & Gellèri ausgewählten Standards von einigen Seiten sehr stark kritisiert worden.[160] Kersting sieht die große Diskrepanz zwischen Wissenschaft und Praxis gerade durch den Beitrag von Kanning, Pöttker & Gellèri bestätigt. Er kritisiert die Vorgehensweise der Autoren dabei stark. So wurden die ausgewählten Standards der Praxis fertig vorgelegt, ohne diese zuvor dazu befragt zu haben, welche Probleme es aus ihrer Sicht durch Standards zu lösen gebe. Er beschreibt den Umstand als ein einseitiges Sender-Empfänger-Modell und sieht gerade hier das Problem, da sich die Wissen-

---

[157] Vgl. Obermann, Assessment Center, S. 277ff.; Kleinmann, Assessment-Center, S. 13ff.
[158] Kanning/Pöttker/Gellèri, Zeitschrift für Arbeits- und Organisationspsychologie 2007, 155 (164).
[159] Kanning/Pöttker/Gellèri, Zeitschrift für Arbeits- und Organisationspsychologie 2007, 155 (165).
[160] Siehe dazu Höft, Zeitschrift für Arbeits- und Organisationspsychologie, 2009, 74 (74ff.); Krause, Zeitschrift für Arbeits- und Organisationspsychologie, 2009, 77 (77ff.).

schaft möglicherweise zu autoritär gegenüber der Praxis verhält und die Praktiker durch dieses Verhalten auf Dauer verschreckt werden könnten.[161]

Einen weiteren Anstoß für den Transfer der Wissenschaft in die Praxis liefert
Klehe. In ihrem Artikel richtet sie das Augenmerk auf die Praxisseite. Sie stellt
einige Einflussfaktoren vor, die auf eine Unternehmensentscheidung bei Verfah-
rensentscheidungen einwirken und Entscheidungen beeinflussen (z.b. Interes-
sen der Shareholder, rechtliche Aspekte, kurz- und langfristige finanzielle Planung). So wirken viele verschiedene Aspekte bei der Entscheidung für ein Verfahren mit ein. Dies kann nach Klehe dazu führen, dass ein Unternehmen ein
weniger valides Instrument aufgrund bestimmter Aspekte (z.b. seiner rechtli-
chen Stärken) bevorzugt.[162] Krause & Gebert untersuchten AC im deutschsprachigen Raum und in den U.S. dahingehend, inwieweit sie professionelle Guidelines (Guidelines and Ethical Considerations for Assessment Center Operations) und Moderatorvariablen der Validität umsetzen. Auch sie stellten fest, dass
der Transfer von Wissenschaft und Praxis verbessert werden sollte, da sowohl
im deutschsprachigen Raum, als auch in den U.S. Verbesserungsbedarf bezüglich der wissenschaftlichen Befunde besteht.[163] Es gibt jedoch auch positive
Stimmen hinsichtlich des Transfers. So stellte Schuler in seiner Studie über die
Nutzung psychologischer Verfahren in deutschen Großunternehmen fest, dass
es eine Entwicklung hin zu valideren Auswahlverfahren wie strukturierten Interviews gibt und spricht von einem gelungenen Transfer von der Wissenschaft in
die Praxis.[164]

Die vorgestellten Ansätze zeigen, dass ein gemischtes Bild darüber herrscht,
wie gut die Zusammenarbeit von Wissenschaft und Praxis funktioniert. Bedacht
werden sollte, dass Unternehmen in erster Linie AC nicht der Forschungsliebe
wegen durchführen, sondern personalpolitisch davon profitieren möchten.[165] Es
ist fraglich, ob diese an einer Tiefenanalyse des Konstruktvaliditätsproblem so

---

[161] Kersting, Zeitschrift für Arbeits- und Organisationspsychologie, 2009, 70 (71).
[162] Klehe, International Journal of Selection and Assessment 2004, 327 (327ff.).
[163] Krause/Gebert, International Journal of Selection and Assessment 2003, 297 (297ff.).
[164] Schuler et al., Zeitschrift für Personalpsychologie 2007, 60 (69).
[165] Vgl. Obermann, Assessment Center, S. 335ff.

interessiert sind wie die Wissenschaft. Die Untersuchungen haben gezeigt, dass AC prognostisch valide sind (siehe Abschnitt 3.2.1). Sie vermögen den späteren Berufserfolg relativ sicher vorherzusagen. Auch die Akzeptanz des AC scheint gegeben zu sein.[166] So steht es aus jener Sicht gut um das AC. Aus diesen Überlegungen lassen sich zwei Dinge ableiten. Zum einen die Aufgabe der Wissenschaft, der Praxis die bestehenden Probleme verständlicher und sichtbarer zu machen und zum anderen die Aufgabe der Praxis, den wissenschaftlichen Befunden mit Interesse entgegenzutreten und diese nicht deswegen abzutun, weil die bestehenden AC gut funktionieren zu scheinen. Denn wissenschaftliche Untersuchungen und Durchbrüche können nur dann Wirkung entfalten, wenn diese in der Praxis auch ankommen und zur Kenntnis genommen werden.

3.3 Ansätze zur Verbesserung

Im vorherigen Abschnitt wurden verschiedene Problempunkte, die sich in Hinblick auf die Qualität des AC ergeben, vorgestellt und einige Ansätze zur Verbesserung hinsichtlich der Konstruktvalidität kurz angerissen. Im Folgenden Kapitel wird auf diese tiefergehend eingegangen und ausgewählte Ansätze zur Verbesserung der Validität des AC vorgestellt.

3.3.1 Moderierende Variablen der Konstrukt- und Kriteriumsvalidität

In Studien zur Konstrukt- und Kriteriumsvalidität haben die Ergebnisse Anstoß für die Suche nach Moderatorvariablen gegeben, welche die Validität des AC beeinflussen könnten. Eine Übersicht dieser findet sich in Abbildung 9. So könnten Kürzungen der Aufgabenvielfalt dazu führen, die Vorhersagekraft der Verfahren zu vermindern. Bei der Konzeption sollte demnach Augenmerk darauf gelegt werden, dass es eine Auswahl von Einzel-, Gruppen- und schriftlichen Übungen gibt, bei denen unterschiedliche Instrumente Anwendung finden.[167] Auch könnte das Einführen von Peer-Ratings der Teilnehmer untereinander zu einer besseren prädiktiven Validität führen. Wie sich in einer Analyse

---

[166] Kleinmann, Assessment-Center, S. 8.
[167] Gaugler et al., in: Schuler, Assessment Center zur Potenzialanalyse, S. 186; Holzenkamp et al., Journal of Personnel Psychology 2011, 61 (65ff.).

von Krause & Gebert zeigte, finden diese in Deutschland aber eher selten Anwendung. Dies könnte auf die mangelnde Akzeptanz bei Teilnehmern zurückzuführen sein.[168]

Moderatoren der Konstrukt- und Kriteriumsvalidität			
Kriteriumsvalidität	Studie	Konstruktvalidität	Studie
Verwendung verschiedenartiger Aufgabenstellungen	Gaugler et al. 1987, Holzenkamp et al. 2011	Weniger, gut unterscheidbare Dimensionen	Gaugler & Thornton 1989, Kleinmann et al. 1995
Verwendung von Peer Urteilen	Gaugler et al. 1987	Verwendung von Checklisten	Reilly, Henry & Smither 1990
Einsatz von Psychologen als Beobachter	Gaugler et al. 1987	Einsatz von Psychologen als Beobachter	Sagie & Magnezy 1997
Keine Transparenz der Dimensionen	Kleinmann et al. 1995	Transparenz der Dimensionen	Kleinmann, Kuptsch & Möller 1996
		Beobachterschulung	Woehr, Arthur & Meriac 2007
		Bewertung am Ende	Woehr, Arthur & Meriac 2007, Silverman et al. 1986

Abbildung 9: Moderierende Variablen der Validität[169]

Sorgfältig geschulte Manager können als Beobachter gute AC-Beurteilungen abgeben.[170] Wie Abbildung 9 verdeutlicht, könnte ein zusätzlicher Einsatz von Psychologen als Assessoren die prädiktive Validität zusätzlich positiv beeinflussen. Demnach wäre ein Beobachtermix aus beiden Personengruppen empfehlenswert. Die Manager verfügen über konkretes Wissen der Anforderungen und des Unternehmenskontextes und die Psychologen können die beobachtete Leistung sinnvoll interpretieren.[171]

Außerdem könnte es sinnvoll sein, hinsichtlich der prädiktiven Validität auf eine Transparenz der Dimensionen zu verzichten. Kleinmann konnte feststellen,

---

[168] Krause/Gebert, International Journal of Selection and Assessment 2003, 297 (307).
[169] Quelle: Eigene Darstellung.
[170] Woehr/Arthur/Meriac, in: Schuler, Assessment Center zur Potenzialanalyse, S. 91.
[171] Gaugler et al., in: Schuler, Assessment Center zur Potenzialanalyse, S. 186.

dass die Kriteriumsvalidität bei Bekanntgabe der Anforderungsdimensionen signifikant kleiner ausfällt, als bei Intransparenz.[172] Abbildung 9 zeigt, dass demgegenüber gerade die Transparenz der Dimensionen eine moderierende Variable der Konstruktvalidität darstellt. So konnten Beobachterratings in einem transparenten AC eher durch Dimensionsfaktoren, als durch Übungsfaktoren erklärt werden (siehe Abschnitt 3.2.2). Wie im vorherigen Kapitel erwähnt, kann die prädiktive Validität als das ausschlaggebende Merkmal für Auswahl-AC und die Konstruktvalidität als das der Potenzial-AC gesehen werden. Das Potenzial-AC ist unter anderem dadurch gekennzeichnet, dass der Fokus auf der Erstellung eines Stärken- und Schwächenprofils liegt. Effektive Entwicklungsempfehlungen können demnach nur dann getroffen werden, wenn die Anforderungsdimensionen, welche dem AC zu Grunde liegen, eine hohe Konstruktvalidität aufweisen. Daraus ergibt sich der Umstand, dass je nach Art des AC (Auswahl / Entwicklung) abgewogen werden sollte, wie mit der Transparenz der Dimensionen umgegangen wird.[173]

Positiv auf die Konstruktvalidität könnte sich außerdem das Verwenden von weniger und gut differenzierten Dimensionen auswirken. Diese reduzieren die kognitive Belastung der Beobachter und führten in der herangezogenen Studie zu einer verbesserten konvergenten Validität. So konnten Kleinmann et al. feststellen, dass inhaltlich ähnliche Dimensionen es den Assessoren erschweren, das beobachtete Verhalten den jeweiligen Konstrukten zuzuordnen.[174] Augenmerk sollte wie die Untersuchungen von Lievens et al. zeigen, auch auf die Wahl der jeweiligen Dimensionen und Übungen gelegt werden.[175]

Hinsichtlich der Beobachter wirkt sich eine Schulung dieser außerdem positiv auf die Konstruktvalidität aus.[176] Die Untersuchungen zur Interrater-Reliabilität von Höft heben die Bedeutsamkeit einer guten Beobachterschulung außerdem

---

[172]   Krause/Gebert, International Journal of Selection and Assessment 2003, 297 (308).
[173]   Kleinmann/Strauß, in: Sarges, Weiterentwicklung des Assessment Center-Methode, S. 13f.
[174]   Kleinmann, Assessment-Center, S. 29.
[175]   Lievens et al., Journal of Applied Psychology 2006, 247 (247ff.).
[176]   Woehr/Arthur/Meriac, in: Schuler, Assessment Center zur Potenzialanalyse, S. 96.

hervor.[177] Auch könnte es von Vorteil sein, die Bewertung der Dimensionen am Ende durchzuführen, anstatt sie nach jeder Übung abzugeben. So regt die Beurteilung am Ende jeder Übung die Beobachter dazu an, das Verhalten auch nach Übungen zu sortieren, wohingegen eine Bewertung am Ende die Beobachter zu einer Bewertung anhand von Dimensionen anregt.[178] Auch die richtige Struktur des Beurteilungssystems könnte einen positiven Effekt auf die Konstruktvalidität haben. Insbesondere der Einsatz von Verhaltenschecklisten hat in Untersuchungen zu einer verbesserten Validität geführt. So minimieren Verhaltenschecklisten zusätzlich die kognitive Belastung der Beobachter, indem diese die Aufmerksamkeit der Assessoren direkt auf spezifisches, dimensionsrelevantes Verhalten lenken und Hinweise zum Ordnen des beobachteten Verhaltens geben.[179]

Zusätzlich ist auch hinsichtlich der Konstruktvalidität zu empfehlen, Psychologen neben Managern als Beobachter einzusetzen. So wurden bei den Bewertungen von Psychologen in den untersuchten AC von Magie & Magnezy alle Anforderungsdimensionen abgebildet, wohingegen sich in den Bewertungen der Manager nur zwei widerspiegelten.[180] Durch eine Berücksichtigung dieser vorgestellten Moderatoren bei der Konzeption und Durchführung von AC könnte die Validität und somit die Qualität des AC verbessert und gesichert werden.

3.3.2 Ansatz der Multimethodalität

Wie das vorherige Kapitel gezeigt hat, ist eine verschiedenartige Gestaltung der Aufgaben im AC positiv in Hinblick auf die Validität. Einige Wissenschaftler vertiefen diesen Ansatz und plädieren für ein multimethodales Design von AC.[181] Grundgedanke ist das Steigern der AC-Validität durch eine Kombination von verschiedenartigen Teilverfahren.[182] Das Konzept geht auf Schuler zurück, der den *trimodalen Ansatz der Berufseignungsdiagnostik* entwickelt hat. Hierbei soll

---

[177]   Höft, in: Schuler, Assessment Center zur Potenzialanalyse, S. 274ff.
[178]   Silverman et al., Personnel Psychology 1986, 565 (573 ff.).
[179]   Reilly/Henry/Smither, Personnel Psychology 1990, 71 (80).
[180]   Sagie/Magnezy, Journal of Occupational & Organizational Psychology 1997, 103 (106).
[181]   Siehe dazu Schuler, Wirtschaftspsychologie aktuell 2007, 27 (27ff.); Sarges, in: Sarges, Management Diagnostik, S. 23ff.
[182]   Schuler, Wirtschaftspsychologie aktuell 2007, 27 (29).

jedes Konstrukt durch verschiedene empirische Operationalisierungen erfasst werden. Die drei Modalitäten dieses Ansatzes sind **Eigenschaften, Verhalten** und **Ergebnisse** (siehe Abb.10). Diese entsprechen als Methoden im Wesentlichen Tests, Arbeitsproben (Simulationen) und biografische Informationen (aus z.B. einem Interview). Wesentlich dabei ist, dass die eingesetzten Teilverfahren nicht nur einer der drei Modalitäten zugehörig sind.[183] Die Validität kann demnach dadurch gesteigert werden, indem AC nicht nur aus simulationsorientierten Aufgaben bestehen, wie Rollenspielen und Gruppendiskussionen, sondern gepaart werden mit z.b. einem Interview und psychometrischen Testverfahren. So weist nach Schuler die reine Kombination aus Gruppendiskussion, Rollenspiel und Präsentation eine geringe inkrementelle Validität auf.[184] Auch in der wegweisenden *Management-Progress Study* von Bray & Grant (siehe Abschnitt 3.2.1) kamen bspw. psychologische Tests zum Einsatz, die zu einem großen Teil der Gesamtvalidität beigetragen haben.[185]

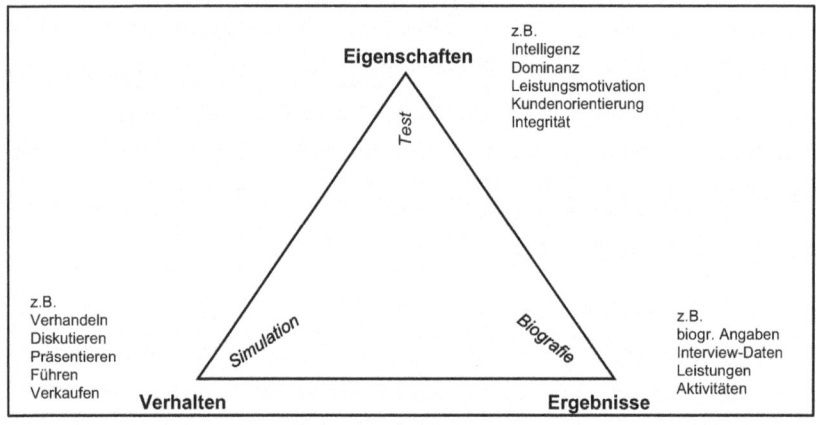

Abbildung 10: Die 3 Ansätze der Eignungsdiagnostik[186]

Einige Autoren nehmen mit Blick auf die Praxis besorgt die Ignoranz dieses Konzeptes wahr und sehen einen Trend hin zu methodisch gekürzten AC.[187]

---

[183] Schuler, Wirtschaftspsychologie aktuell 2007, 27 (29); Sarges, in: Sarges, Management Diagnostik, S. 27.
[184] Schuler, Wirtschaftspsychologie aktuell 2007, 27 (29).
[185] Hossiep, in: Sarges, Weiterentwicklung der Assessment Center-Methode, S. 53.
[186] Vgl. Schuler, in: Von Rosenstiel/Lang-von Wins, Perspektiven der Potenzialbeurteilung, S. 27ff.

Sie führen diesen Trend auf verschiedene Gründe zurück. Schuler vermutet, dass AC ohne psychometrische Anteile einfacher in Gestaltung und Handhabung sind, insbesondere für Nichtpsychologen. Diese nehmen seiner Meinung nach immer öfter AC-Konzeption und -Durchführung wahr.[188] Inkompetente Handhabung des AC stellt wie bereits im ersten Kapitel vorgestellt ein Risiko des AC dar (siehe Abschnitt 2.5.2).

Sarges wiederum führt an, dass die AC-Guidelines als Richtwert für die Praxis selbst nur verhaltensbezogene und arbeitsprobenähnliche Aufgaben vorschreiben und dadurch dieser Trend unterstützt wird.[189] Die Umfragen des AK-AC zeigen im Jahresvergleich, dass es einen Anstieg von Intelligenz-, Persönlichkeitstests und Interviews gibt.[190] Gleichzeitig zeigt sich in einer Studie von Krause & Gebert allerdings auch, dass in Deutschland im Vergleich zu anderen Ländern psychometrische Testverfahren deutlich weniger einsetzt werden. Die Autoren führen dies auf die mangelnde Akzeptanz dieser zurück. Diese fiele bei psychologischen Testverfahren sehr viel geringer aus als bei simulationsorientierten Verfahren.[191] Die Studien verdeutlichen, dass zumindest der Trend hin zum Einsatz von psychologischen Testverfahren gegeben ist, diese dennoch in Deutschland seltener eingesetzt werden als in anderen Ländern.

3.3.3 Dimensionsloses Assessment-Center

Wie im Abschnitt 3.2.2.2 erläutert, plädieren einige Wissenschaftler aus bestimmten Gründen für eine Abkehr von Dimensionen im AC. Hinsichtlich der Gestaltung eines dimensionslosen Beurteilungssystems gibt es verschiedene Ansätze. Einen alternativen Konzeptionsvorschlag geben schon damals Sackett & Dreher. Diese plädierten nach ihrem Befund der fehlenden Konstruktvalidität für einen Verzicht auf Anforderungsdimensionen. Stattdessen sollte die Bewertung anhand von für die Position relevanten Managerrollen geschehen. Die

---

[187] Siehe Schuler, Wirtschaftspsychologie aktuell 2007, 27 (27ff.); Sarges, in: Sarges, Management Diagnostik, S. 819f.
[188] Schuler, Wirtschaftspsychologie aktuell 2007, 27 (30).
[189] Sarges, in: Sarges, Management-Diagnostik, S. 820.
[190] Obermann/Höft/Becker, Die Anwendung von Assessment Centern im deutschsprachigen Raum, S. 11.
[191] Krause/Gebert, International Journal of Selection and Assessment 2003, 297 (305).

Teilnehmer sollen dabei Verhaltenssimulationen durchlaufen, die eine Vielzahl wichtiger Managerrollen abbilden (z.b. Verhandeln, Beraten, Überzeugen) und anhand der gezeigten Leistung in diesen bewertet werden. Dies würde dazu führen, dass anstatt globaler Dimensionsurteile am Ende eines AC Beurteilungen der Kandidaten hinsichtlich ihrer Leistungsfähigkeit in jobrelevanten Aufgaben bzw. Rollensimulationen vorliegen.[192]

Lance greift die ursprüngliche Idee von Sackett & Dreher auf und plädiert ebenso für ein dimensionsloses System, indem der Fokus auf inhaltsvaliden Übungen liegt, die jobrelevantes Verhalten messen. Im Mittelpunkt sollen dabei die für den Job relevanten Kenntnisse an sich stehen und nicht die Dimensionen, die diese Übungen messen.[193] In diesen aufgabenbezogenen AC erfolgt die Bewertung anhand spezifisch gewünschtem Verhalten, welches eine erfolgreiche Performance darstellt. Auch das Feedback wird nicht anhand von Dimensionen gegeben, sondern in Anlehnung daran, welche Bereiche der Aufgabe gut und weniger gut gelungen sind.[194]

Lance sieht einige Vorteile dieses Systems gegenüber des traditionellen. Zum einen würde die Bewertung der Beobachter präziser ausfallen, da die kognitive Belastung der Beobachter dahingehend reduziert wird, dass sie das beobachtete Verhalten nicht in einem extra Schritt den relevanten Dimensionen zuteilen müssten. Zum anderen würde die Bewertung dadurch mehr am spezifisch gezeigten Verhalten orientiert sein. Dies hätte wiederum positive Auswirkungen auf den Feedbackprozess, da das Feedback konkreter und spezifischer ausfallen könnte und deshalb eher zu am Feedback orientierten Veränderungen im Verhalten des Kandidaten führen würde. Demgegenüber steht das im vorherigen Kapitel beschriebene Argument, dass Kandidaten Feedback anhand von Dimensionen erwarten. Lance räumt in Hinblick auf ein dimensionsloses AC ein, dass die psychometrische Qualität dieser Verfahren bisher empirisch noch nicht festgestellt wurde und es dort weiteren Forschungsbedarf hinsichtlich In-

---

[192] Sackett/Dreher, Journal of Applied Psychology 1984, 187 (189f.).
[193] Lance et al., Journal of Applied Psychology 2004, 22 (32).
[194] Lance et al., Journal of Applied Psychology 2004, 22 (32f.); siehe dazu Lowry, Journal of Social Behavior and Personality 1997, 53 (53ff.).

terrater-Reliabilität, Akzeptanz und Konstrukt- und Kriteriumsvalidität gibt.[195] Allerdings zeigt sich auch, dass „ *[t]he little research that exists on task-based ACs indicates, that their structure is at least as sound psychometrically as more traditional dimension-based ACs*".[196]

Wie bereits angedeutet, wirbt auch Sarges für ein dimensionsloses AC-Design und hebt hervor, dass bei einem aufgabenorientierten AC sich der Beurteilungsweise der Beobachter angepasst wird und mit ihm, anstatt gegen ihn gearbeitet wird. Die Betonung legt er dabei auf die richtige Vorbereitung der Beobachter auf diese Art von AC.[197] Wie dieser Abschnitt verdeutlicht, gibt es einige interessante AC-Konzepte weg von Dimensionen die versuchen, die in der Wissenschaft festgestellten Probleme anzugehen und zu lösen. Jedoch sind diese bisher wissenschaftlich noch nicht in der Weite und Tiefe untersucht, wie es bei dimensionsbeinhaltenden AC der Fall ist.

---

[195] Lance, Industrial and Organizational Psychology 2008, 84 (93f.).
[196] Lance, Industrial and Organizational Psychology 2008, 84 (94); *die bestehenden Untersuchungen lassen jedoch vermuten, dass die Struktur von aufgabenbasierten AC mindestens eine genauso fundierte psychometrische Qualität haben wie die traditionellen AC.*
[197] Sarges, in: Sarges, Management-Diagnostik, S. 819ff.

4. Qualitätssicherung und bestehende Standards

Im folgenden Kapitel sollen theoretisch abschließend zwei ausgewählte bestehende Regelwerke zur Qualitätssicherung im AC vorgestellt und die vorgebrachte Kritik an ihnen erläutert werden. Es handelt sich dabei zum einen um die Standards des Arbeitskreises Assessment-Center (AK-AC) und zum anderen um die DIN 33430. Außerdem soll dafür zunächst der Qualitätsbegriff abgegrenzt und definiert werden.

4.1 Bedeutung von Qualität

In Zusammenhang mit dem AC finden sich in der Wissenschaft und Literatur auch häufig Begriffe wie „Qualität", „Qualitätskontrolle" oder auch „Qualitätssicherung".[198] In den vorherigen Kapiteln dieser Arbeit wurde der Begriff einige Male im Zusammenhang mit dem AC bereits genannt. Fraglich allerdings ist, was der Qualitätsbegriff im Hinblick auf das AC genau bedeutet. Das Deutsche Institut für Normung definiert Qualität als den *„Grad, in dem ein Satz inhärenter Merkmale Anforderungen erfüllt".*[199] Um diesen Grad festzustellen, werden Produkte und Prozesse anhand bestimmter Vorgaben oder Anforderungen im Zuge eines Vergleichs beurteilt. Daraus ergibt sich nach Kersting & Westmeyer die folgende logische Struktur: *X* (das Beurteilungssubjekt) *beurteilt die Qualität von y* (das Beurteilungsobjekt) *als z* (das Beurteilungsresultat) *relativ zu k* (den Beurteilungskriterien) *zur Zeit t.*[200]

Diese Vorgaben oder Anforderungen, anhand derer ein Produkt oder Prozess beurteilt wird, ergeben sich aus bestimmten Beurteilungskriterien. Diese Beurteilungskriterien werden von Gruppen oder Personen konstruiert, die sich bspw. aus Wirtschaft und Praxis in einem Forum zusammenschließen und Beurteilungskriterien erarbeiten, die von nationalen / internationalen Fachgesellschaften mit Definitionsmacht ausgestattet werden, oder in Form einer DIN-Norm erarbeitet werden. Resultat dieser Arbeiten können Standards, Richtlinien oder

[198] Kolb/Bergmann, Qualitätsmanagement im Personalbereich, S. 137.
[199] DIN EN ISO 9000, 2005, S. 18.
[200] Kersting/Westmeyer, in: Sarges, Management-Diagnostik, S. 948.

Normen sein.[201] Die Qualitätsstandards verfolgen dabei unterschiedliche Ziele.
Diese können nach Kersting & Hornke auf den diagnostischen Prozess im All-
gemeinen, auf diagnostische Verfahren oder auf die Kompetenzen der diagnos-
tisch Tätigen im Besonderen zielen.[202] Abbildung 11 zeigt eine Übersicht ausgewählter, für das AC relevanter Konstruktionen.

Konstruktions-subjekt	Konstruktionsobjekt	Konstruktionsresultat	Konstruk-tions-zeitpunkt
Arbeitskreis Assessment-Center	Beurteilungskriterien für Assessment-Center	Standards der As-sessment-Center Technik	2004
Deutsches Institut für Normung	Beurteilungskriterien für berufsbezogene Eignungsbeurteilungen	DIN 33430	2002
EAPA	Beurteilungskriterien für den diagnostischen Prozess	Guidelines for the assessment process	2010
International Organization for Standar-dization	Beurteilungskriterien für berufsbezogene Eignungsbeurteilung	ISO 10667-1 & ISO 10667-2	2011
Taskforce on AC Guidelines	Beurteilungskriterien für Assessment-Center	Guidelines and ethical considerations for assessment center operations	2009
SIOP	Beurteilungskriterien für berufsbezogene Eignungsbeurteilungen	Principles for the validation and use of personnel selection procedures	2003

Abbildung 11: Standards, Richtlinien und Normen diagnostischer Verfahren[203]

In den folgenden Abschnitten wird auf die ersten beiden Konstruktionssubjekte
der Abbildung näher eingegangen. Hervorzuheben ist insbesondere die DIN-
Norm, aufgrund ihres streng formalisierten Entwicklungsprozesses. Diese ist

---

[201] Kersting/Westmeyer, in: Sarges, Management-Diagnostik, S. 949.
[202] Kersting/Hornke, Psychologische Rundschau 2003, 175 (175).
[203] Vgl. Kerstin/Westmeyer, in: Sarges, Management-Diagnostik, S. 949.

auf einem Vertragsverhältnis zwischen dem Deutschen Institut für Normung und der Bundesrepublik Deutschland begründet, in welchem u.a. geregelt ist, dass das DIN-Institut die deutsche Normierung im In- und Ausland vertritt. Besonders ist außerdem, dass im Entwicklungsprozess der Norm alle beteiligten Interessenkreise auf den Inhalt Einfluss nehmen können und ein Einspruchsrecht zu einem der DIN-Norm vorangestellten DIN-Entwurf besteht. Weiterhin wird die Norm mindestens alle 5 Jahre überprüft.[204]

Die Tatsache, dass es allein für psychologische Diagnostik (berufsbezogene Eignungsbeurteilung) und auch explizit für das AC mehrere Beurteilungskriterien mit unterschiedlicher Zielsetzung in Form von Standards, Normen und Richtlinien gibt, verdeutlicht die hohe Bedeutung von Qualität und den Stellenwert der Überprüfung dieser im Bereich der Personalarbeit. So kann die Konzeption eines neuen AC oder die Überprüfung des bestehenden AC-Verfahrens anhand dieser Normen dabei helfen, mögliche Defizite zu erkennen und das unternehmenseigene AC zu einem effektiven und effizienten Instrument zu machen.

4.2 Standards des Arbeitskreises Assessment-Center

Wie Abbildung 11 verdeutlicht, sind die Standards des AK-AC ein wichtiger Qualitätsstandard in Hinblick auf das AC. Qualitätsstandards formulieren Regeln und Prinzipien, welche auf eine Qualitätssicherung und -verbesserung hinwirken. Sie benennen, welches Wissen und Können benötigt wird und wo Zurückhaltung gezeigt werden sollte.[205] Diese Qualitätsstandards werden in der Regel von Vereinigungen von Psychologen aus Wissenschaft und Praxis formuliert und thematisieren auch ethische Aspekte. Die Aussagen sind immer auf ein bestimmtes Arbeitsfeld bezogen und gelten für alle Personen, die in diesem Arbeitsfeld tätig sind.[206]

---

[204] Kersting, Zeitschrift für Arbeits- und Organisationspsychologie 2009, 70 (73).
[205] Kersting, in: Westhoff et al., Grundwissen für die berufsbezogene Eignungsbeurteilung nach DIN 33430, S. 23.
[206] Kersting/Püttner, in: Schuler, Lehrbuch der Personalpsychologie, S. 842.

Die Standards des AK-AC wurden von einem Zusammenschluss von Experten der AC-Methode erarbeitet und sind speziell auf diese zugeschnitten. Die erste Veröffentlichung dieser Standards erfolgte im Jahr 1992. Seitdem sind diese überarbeitet worden und liegen in ihrer zweiten Fassung seit 2004 vor. Es werden neun Standards formuliert, die sich am Prozess der AC-Konstruktion und der -Durchführung in der Praxis orientieren. Es werden alle wichtigen Phasen der AC-Entwicklung, -Implementierung und -Durchführung ausführlich beschrieben. Dabei befasst sich jeder Standard mit einem konkreten Prozessabschnitt (z.B. Arbeits- und Anforderungsanalyse, Vorauswahl und Vorbereitung).[207] Sie sind so aufgebaut, dass in jedem Standard zunächst Inhalt und Nutzen dargestellt werden. Anschließend werden Hinweise zu einer konkreten Umsetzung gegeben. Eine Besonderheit der AK-AC-Standards ist, dass sie neben der Erläuterung des Inhalts für jeden Standard zusätzlich sogenannte „Verstöße" formulieren. Hier werden Beispiele für Vorgehensweisen genannt, die gegen den jeweiligen Standard verstoßen.[208]

Die AK-AC-Standards verfolgen dabei unterschiedliche Ziele. So sollen sie allgemein eine Grundlage für die sachgemäße AC-Praxis darstellen, es zukünftigen AC-Anwendern und der Öffentlichkeit allgemein ermöglichen, die Güte von Angeboten auf ihre Qualifizierung zu überprüfen, Transparenz für die Anwender und Entscheider schaffen und auch die Akzeptanz des AC weiter steigern.[209] Die Standards können außerdem von internen Verantwortlichen als Argumentationshilfe verwendet werden, um Optimierungsfelder des AC aufzuzeigen und zu begründen.[210] Abbildung 12 zeigt die neun Standards des AK-AC.

Das englische Pendant der AK-AC-Standards sind die von der Task Force on AC Guidelines formulierten *„Guidelines and ethical considerations for assess-*

---

[207] Kersting, in: Westhoff et al., Grundwissen für die berufsbezogene Eignungsbeurteilung nach DIN 33430, S. 29.
[208] Arbeitskreis Assessment Center e.V., Standards der Assessment Center Technik 2004, S. 2.
[209] Arbeitskreis Assessment Center e.V., Standards der Assessment Center Technik 2004, S. 1.
[210] Kersting, in: Westhoff et al., Grundwissen für die berufsbezogene Eignungsbeurteilung nach DIN 33430, S. 29.

ment center operations". Im Vergleich zu anderen Qualitätsstandards legen die AK-AC-Standards besonderen Wert auf die Implementierung des AC in das jeweilige Personal- und Organisationsentwicklungssystems.[211] Es gibt jedoch auch einige Kritikpunkte, die ihnen entgegengebracht werden. Auf Lob und Kritik dieses Qualitätsstandards wird im Abschnitt 4.4 näher eingegangen.

---

[211] Kersting, in: Westhoff et al., Grundwissen für die berufsbezogene Eignungsbeurteilung nach DIN 33430, S. 30.

AK-AC-Standards 2004
1. Auftragsklärung und Vernetzung
Vor der Entwicklung und Durchführung eines AC sind die Ziele und die Rahmenbedingungen des Auftrages sowie die Konsequenzen für die Teilnehmer verbindlich zu klären und zu kommunizieren.
2. Arbeits- und Anforderungsanalyse
Eignungsbeurteilung lässt sich nur mit einer exakten Analyse der konkreten Anforderungen sinnvoll gestalten.
3. Übungskonstruktion
Ein Assessment-Center besteht aus Arbeitssimulationen.
4. Beobachtung und Bewertung
Grundlage für die Eignungsdiagnose ist eine systematische Verhaltensbeobachtung.
5. Beobachterauswahl und -vorbereitung
Gut vorbereitete Beobachter, die das Unternehmen angemessen repräsentieren, sind am besten geeignet, fundierte und treffsichere Entscheidungen zu treffen.
6. Vorauswahl und Vorbereitung
Systematische Vorauswahl und offene Vorinformationen sind die Grundlage für den wirtschaftlichen und persönlichen Erfolg im AC.
7. Vorbereitung und Durchführung
Eine gute Planung und Moderation des AC gewährleistet einen transparenten und zielführenden Ablauf des Verfahrens.
8. Feedback und Folgemaßnahmen
Jeder AC-Teilnehmer hat das Recht auf individuelles Feedback, um so das Ergebnis nachvollziehen und daraus lernen zu können. Nach dem AC sind konkrete Folgemaßnahmen abzuleiten und umzusetzen.
9. Evaluation
Regelmäßige Güteprüfungen und Qualitätskontrollen stellen sicher, dass die mit dem AC angestrebten Ziele auch nachhaltig erreicht werden.

Abbildung 12: AK-AC-Standards 2004[212]

---

[212]   Arbeitskreis Assessment Center e.V., Standards der Assessment Center Technik 2004, S. 3ff.

4.3 DIN 33430

Ein weiteres wichtiges Regelungswerk stellt die DIN 33430 dar. Diese wurde 2002 vom Deutschen Institut für Normung verabschiedet. Sie verfasst Anforderungen an Verfahren und deren Einsatz bei berufsbezogener Eignungsbeurteilung. Erarbeitet wurde sie in Zusammenarbeit des Berufsverbundes Deutscher Psychologinnen und Psychologen und der Deutschen Gesellschaft für Psychologie.[213] Sie gilt als der zentrale Qualitätsstandard.[214] Die DIN soll als Regelwerk verschiedenen Arbeitsgruppen nutzen. So soll die Norm *Anbietern von Dienstleistungen* als Leitfaden für die Planung und Durchführung von Eignungsbeurteilungen dienen, *Auftraggebern* in Organisationen als Maßstab zur Bewertung externen Angebote im Rahmen berufsbezogener Eignungsbeurteilung fungieren und dem Schutz der *Kandidaten* vor unsachgemäßer oder missbräuchlicher Anwendung von Verfahren zur Eignungsbeurteilung dienen.[215] Die Norm thematisiert sowohl die Qualität von Verfahren, als auch die Festlegung von Leitsätzen für deren Einsatz bei berufsbezogener Eignungsbeurteilung. Sie bezieht sich auf folgende Anwendungsbereiche:

- ➢ Planung von berufsbezogener Eignungsbeurteilung,
- ➢ Auswahl, Zusammenstellung, Durchführung und Auswertung von Verfahren,
- ➢ Interpretation der Verfahrensergebnisse und die Urteilsbildung,
- ➢ Anforderungen an die Qualifikation der an der Eignungsbeurteilung beteiligten Personen.[216]

Wie im Abschnitt 4.1 kurz angerissen, hebt sich die DIN-Norm von den in Abbildung 11 aufgelisteten unterschiedlichen Qualitätsstandards dadurch ab, dass ihr Entwicklungsprozess sehr stark formalisiert ist. Es besteht ein Vertrag zwischen der Bundesrepublik Deutschland und dem Deutschen Institut für Nor-

---

[213] Fisseni/Preusser, Assessment-Center, S. 41.
[214] Kersting, in: Westhoff et al., Grundwissen für die berufsbezogene Eignungsbeurteilung nach DIN 33430, S. 23.
[215] DIN 33430, 2002, S. 3.
[216] DIN 33430, 2002, S. 3.

mung in dem u.a. geregelt ist, dass die DIN der Allgemeinheit dienen und den jeweiligen technischen Standard angeben sollen. Auf das Erscheinen einer DIN-Norm muss außerdem im Bundesanzeiger aufmerksam gemacht werden.[217] Sie zeichnet sich dadurch aus, dass alle interessierten Personen dazu berechtigt sind, Einfluss auf die DIN-Norm zu nehmen. Vor der Veröffentlichung der fertigen Norm wird zunächst ein Entwurf dieser bereitgestellt, gegen den formal bis zu einer bestimmten Frist Einspruch erhoben werden kann. Die DIN-Normen werden außerdem spätestens alle 5 Jahre überprüft.[218] Dies hat auch aktuellen Bezug, da ein Entwurf der überarbeiteten DIN 33430 von 2002 der Öffentlichkeit bis zum 03.02.2015 zum Einspruch offen stand. Veröffentlicht wurde diese bisher noch nicht. Am Ende dieses Abschnittes erfolgt ein kurzer Vergleich der Norm mit dem überarbeiteten Norm-Entwurf. Des Weiteren stellt die DIN 33430 eine Prozessnorm da. Die Erfüllung einzelner Bestandteile der Norm bringt dabei noch keine Normkonformität mit sich (anders als bei Produkt- und Personennormen).[219]

Die DIN 33430 aus dem Jahr 2002 besteht aus sieben Abschnitten und einem Anhang. Zunächst wird der Anwendungsbereich beschrieben, dann werden normative Verweise vorgestellt, einige Begriffe erläutert, die Qualitätskriterien und -standards für Verfahren zur berufsbezogenen Eignungsbeurteilung vorgestellt, die Verantwortlichkeiten benannt, Qualitätsanforderungen an den Auftragnehmer und die Mitwirkenden verfasst und abschließend Leitsätze für die Vorgehensweise bei berufsbezogener Eignungsbeurteilung benannt. Dahinter befindet sich ein Anhang, der in normativ (Anforderungen an Verfahrenshinweise) und klassisch (Glossar) kategorisiert ist.[220] Zwar befasst sich die DIN-Norm nicht wie die AK-AC-Standards explizit mit dem AC, sie ist aber für dieses ebenso gültig. Denn neben dem expliziten Bereich der Eignungsbeurteilung entfaltet sie außerdem Geltung für diagnostische Arbeit allgemein, und somit

---

[217]   Kersting/Püttner, in: Schuler, Lehrbuch der Personalpsychologie, S. 854f.
[218]   Kersting, Zeitschrift für Arbeits- und Organisationspsychologie 2009, 70 (73).
[219]   Reimann, Report Psychologie 2005, 114 (115).
[220]   DIN 33430, 2002, S. 3ff.

auch für die Konzeption und Anwendung von AC.[221] Außerdem werden AC im Abschnitt der Begriffserklärung unter Verfahren als mögliches Beispiel explizit genannt.[222]

Einer Eignungsbeurteilung nach der DIN 33430 geht wie auch bei den AK-AC-Standards eine Arbeits- und Anforderungsanalyse des Berufs, oder der beruflichen Tätigkeit voraus. Des Weiteren müssen die Verfahren (z.b. AC) für die jeweilige Eignungsbeurteilung fachgerecht sein.[223] Als Qualitätskriterien sind Objektivität, Zuverlässigkeit und Gültigkeit genannt. Auch auf Normwerte verweist die DIN 33430. Werden Verfahren (z.b. AC) für die Eignungsbeurteilung verwendet, die den Vergleich mit Normwerten (im Sinne von Referenzkennwerten) vorsehen, müssen diese sowohl der Fragestellung als auch der Referenzgruppe der Kandidaten entsprechen und diese Normwerte in regelmäßigen Abständen überprüft werden.[224] Eine weitere Voraussetzung der DIN ist das Vorliegen von Verfahrenshinweisen zu jedem Verfahren der Eignungsbeurteilung. In ihrem normativen Anhang geht die Norm umfangreich auf die Gestaltung dieser Verfahrenshinweise ein. Diese sollen Anwendern die Möglichkeit bieten, das Verfahren kritisch zu bewerten und ordnungsgemäß anzuwenden.[225] Ein weiterer wichtiger Punkt der DIN 33430 ist die Planung der Untersuchungssituation. Demnach ist berufsbezogene Eignungsbeurteilung sorgfältig zu planen. Alle Faktoren der Durchführung und Auswertung der Verfahren sollten vorab festgelegt werden und Regeln verfasst werden, wie die Ergebnisse zur Eignungsbeurteilung führen. Sollte eine Wiederholung des Auswahlprogrammes stattfinden, müssen diese Regeln alle drei Jahre überprüft werden.

In Bezug auf AC schreibt die DIN-Norm eine sehr detaillierte Planung vor, in welcher den Beurteilungskriterien vorab Beispielaussagen und Beispielverhaltensweisen der Kandidaten zugeordnet werden sollten.[226] Daneben hebt die

---

[221] Fisseni/Preusser, Assessment-Center, S. 46.
[222] DIN 33430, 2002, S. 5.
[223] Kersting/Püttner, in: Schuler, Lehrbuch der Personalpsychologie, S. 847.
[224] DIN 33430, 2002, S. 7.
[225] Kersting/Püttner, in: Schuler, Lehrbuch der Personalpsychologie, S. 847.
[226] DIN 33430, 2002, S. 8.

Norm außerdem die Durchführung, Dokumentation und die Urteilsbildung hervor. Hierbei sind besonders die Objektivität der Durchführung, das Nachvollziehen der Dokumentation durch den Auftraggeber, sowie das Einhalten der vorher festgelegten Regeln bei der Auswertung wichtig. Hinsichtlich der Interpretation der Verfahrensergebnisse und zur abschließenden Beurteilung sind außerdem Regeln festzulegen. Der Prozess der Interpretation unterliegt auch den Grundsätzen der Objektivität.[227]

Neben qualifizierten Verfahren setzt die Norm auch die richtige Qualifikation der Anwender voraus. Unterschieden wird dabei zwischen dem Auftraggeber, Auftragnehmer und den Mitwirkenden. Der Auftragnehmer ist dabei der Hauptverantwortliche, der für die Planung, Durchführung, Auswertung und Interpretation zuständig ist.[228] Die DIN definiert den Auftragnehmer als eine *„Person, die sich verpflichtet, für einen Auftraggeber eine berufsbezogene Eignungsbeurteilung im Sinne dieser Norm durchzuführen".[229]* In einigen Bereichen der Durchführung des Verfahrens kann der Auftragnehmer Teilverantwortung an die Mitverantwortlichen übertragen. Diese sind Personen, die an der Eignungsbeurteilung beteiligt sind (z.B. Assessoren / Interviewpartner).[230] Er behält jedoch die aktive Fachaufsicht über die Mitwirkenden.[231] Die Norm fordert unterschiedliche Kenntnisse der Personen in Abhängigkeit von ihrer jeweiligen Funktion. Der Auftragnehmer muss neben Kenntnissen über die Qualität und Einsatzvoraussetzungen des eingesetzten Verfahrens außerdem spezifische Kenntnisse für den Bereich der Arbeitsanalyse, des Verfahrens und zur Eignungsbeurteilung vorweisen. Die Mitwirkenden hingegen brauchen spezifische Kenntnisse zur Durchführung von Eignungsinterviews, Verhaltensbeobachtungen und -beurteilungen. Außerdem sollten sie Kenntnisse über Rahmenbedingungen vom Verfahren, zur mündlichen Informationsgewinnung und über einschlägige Evaluationen besitzen.[232]

---

[227] DIN 33430, 2002, S. 8f.
[228] Kersting/Püttner, in: Schuler, Lehrbuch der Personalpsychologie, S. 848.
[229] DIN 33430, 2002, S. 18.
[230] Kersting/Püttner, in: Schuler, Lehrbuch der Personalpsychologie, S. 848.
[231] DIN 33430, 2002, S. 9.
[232] DIN 33430, 2002, S. 10f.

Die Leitsätze für die Vorgehensweise bei berufsbezogenen Eignungsbeurteilungen bilden den letzten Abschnitt vor dem Anhang. Diese haben keinen normativen Charakter, sondern stellen Hinweise in Form von Empfehlungen für die berufsbezogene Eignungsbeurteilung dar.[233] Ihre Formulierungen können als eine Art „best practice" verstanden werden.[234] Einige Bereiche wie z.b. die Anforderungsanalyse werden hier noch einmal hervorgehoben und einige weitere Empfehlungen wie z.b. eine Vorabinformation der Teilnehmer über den Arbeitsplatz oder die Vorauswahl dieser kommen als Empfehlungen hinzu.[235]

Die dargestellte Übersicht des Inhalts der DIN 33430 zeigt andeutungsweise, wie detail- und umfangreich der Inhalt dieser gestaltet ist. Nach ihrer Veröffentlichung kam einige Literatur auf den Markt, die die Norm für Anwender der Praxis verständlich aufbereitet und anwendungsfreundlicher gemacht hat.[236] Die DIN 33430 stand nach ihrer Veröffentlichung im Jahr 2002 Lob und Kritik gegenüber. So kann die aufgekommene Literatur durchaus als Reaktion auf einige dieser Kritikpunkte verstanden werden.[237]

Aktueller DIN 33430 Entwurf

Wie im vorherigen Abschnitt erwähnt, liegt ein Norm-Entwurf der überarbeiteten aktuellen Version der DIN 33430 vor, welcher der Öffentlichkeit bis zum 03.02.2015 zum Einspruch offen stand. Veröffentlicht ist dieser bisher nicht, jedoch lassen sich aus dem Entwurf bereits einige Veränderungen im Vergleich zu der Version aus 2002 feststellen. Die Norm wurde grundlegend überarbeitet, indem sowohl Titel, als auch der Aufbau und Teile des Inhalts abgeändert wurden. Im Entwurf wird deshalb eine Auflistung der getätigten Abänderungen im Vorwort gegeben.[238]

---

[233] Kersting/Püttner, in: Schuler, Lehrbuch der Personalpsychologie, S. 848f.
[234] Reimann, Report Psychologie 2005, 114 (116).
[235] DIN 33430, 2002, S. 12f.
[236] Siehe dazu Kersting, Qualität in der Diagnostik und Personalauswahl; Westhoff et al., Grundwissen für die berufsbezogene Eignungsbeurteilung nach der DIN 33430.
[237] Kersting/Püttner, in: Schuler, Lehrbuch der Personalpsychologie, S. 851.
[238] Entwurf DIN 33430, 2014, S. 3.

Der Titel der Norm ist abgeändert in „Anforderungen an berufsbezogene Eignungsdiagnostik".[239] Hervorzuheben sind dabei neben der Titeländerung außerdem die Kürzung der umfangreichen Anforderungen an die Verfahrenshinweise und die Streichung des Glossars.[240] Anstelle der Verfahrenshinweise treten Handhabungshinweise, deren Anforderungen weniger umfangreich sind.[241] Lediglich für messtheoretisch fundierte Fragebögen und Tests sind umfangreichere Verfahrenshinweise von Nöten.[242] Anstelle des Glossars wurde die Liste der Begrifflichkeiten[243], sowie die Ausführungen im Fließtext erweitert. So wird bspw. im Bereich der Anforderungsanalyse nicht mehr im Fließtext auf weitere Erläuterungen zum Glossar verwiesen, sondern diese direkt im Text mit eingebunden (am Beispiel „Eignungsmerkmale").[244] Auch der Umfang der Norm hat sich dadurch und durch hinzugekommene Bereich (z.B. Anhang C, Hinweise für die Ausschreibung eignungsdiagnostischer Prozesse und Verfahren unter Beachtung der DIN 33430[245]) erweitert (von ursprünglich 24 auf 31 Seiten).

Wie bereits angedeutet, liegt eine grundlegende Überarbeitung der Norm vor. Alle Änderungen hier aufzuführen würde den Rahmen dieser Arbeit überschreiten. Es zeichnet sich jedoch ab, dass die neue Norm mindestens einige der aufgelisteten Kritikpunkte (siehe nachfolgendes Kapitel) aufgegriffen hat, indem diese durch die Streichung des Glossars und den anstelle vorzufindenden Ausführungen im Fließtext verständlicher wird. Auch die Kürzungen der Verfahrenshinweise sind in Hinblick auf die Kritik zu nennen. Es bleibt jedoch abzuwarten, inwieweit der Norm-Entwurf der veröffentlichten Endfassung entspricht und diese im Detail aussieht.

---

[239] Entwurf DIN 33430, 2014, S. 3.
[240] Siehe DIN 33430, 2002, S. 14ff.; DIN 33430, 2002, S. 18ff.
[241] Entwurf DIN 33430, 2014, S. 24.
[242] Entwurf DIN 33430, 2014, S. 10.
[243] Entwurf DIN 33430, 2014, S. 5ff.; siehe DIN 33430, 2002, S. 4ff.
[244] Entwurf DIN 33430, 2014, S. 8; siehe DIN 33430, 2002, S. 12.
[245] Entwurf DIN 33430, 2014, S. 29.

4.4 Vorzüge und Kritikpunkte der vorgestellten Qualitätsstandards

Hinsichtlich der vorgestellten Qualitätsstandards ergeben sich einige Vorzüge und Kritikpunkte aus den Erkenntnissen der Wissenschaft und Praxis. Auf diese wird im folgenden Abschnitt näher eingegangen.

4.4.1 Für die Standards des Arbeitskreises Assessment-Center

Die AK-AC-Standards geben der Praxis in neun Standards ein gut strukturiertes und übersichtliches Regelungswerk an die Hand. Sie umfassen alle wichtigen Phasen eines AC, von der Arbeits- und Anforderungsanalyse bis hin zur Evaluation.[246] Sie sind außerdem sehr praxisfreundlich, da sie relativ leicht verständlich sind und frei über das Internet auf der Seite des Arbeitskreises Assessment-Center e.V. in mehreren Sprachen und kostenlosen zum Download bereitgestellt werden.[247] Deshalb bieten sie internen Verantwortlichen eine geeignete Argumentationshilfe, um möglichen festgestellten Optimierungsbedarf verständlich zu machen und durchzusetzen. Ein weiterer Vorteil der AK-AC-Standards ist das Beinhalten eines ,Verstöße'-Bereichs innerhalb jedes Standards, der zusätzliche Beispiele für Vorgehensweise angibt, die dem jeweiligen Standard gegenüber stehen. Dies ist insbesondere deshalb sinnvoll, da das Verhalten von Personen sowohl durch das Aufzeigen von positiven Inhalten, als auch durch Negativbeispiele beeinflusst werden kann.[248]

Die AK-AC-Standards wurden in Zusammenarbeit von Experten der AC-Methode aus Wirtschafts- und Dienstleistungsunternehmen erarbeitet. So wird ihnen als Kritik entgegengebracht, dass sie aufgrund ihrer Entstehungsgeschichte nur bei den Mitgliedern Anwendung finden, die sie auch mitgestaltet haben.[249] Negativ wird außerdem angekreidet, dass die Standards ohne wissenschaftliche Belege und grundlegende diagnostische Prinzipien formuliert sind und sich lediglich auf Erkenntnisse aus der Zusammenarbeit von Experten

---

[246] Kersting, in: Westhoff et al., Grundwissen für die berufsbezogene Eignungsbeurteilung nach DIN 33430, S. 29.

[247] Siehe http://www.arbeitskreis-ac.de/index.php/uebersicht.

[248] Kersting, in: Westhoff et al., Grundwissen für die berufsbezogene Eignungsbeurteilung nach DIN 33430, S. 29f.

[249] Vgl. Kersting/Püttner, in: Schuler, Lehrbuch der Personalpsychologie, S. 849.

aus Wissenschaft und Praxis berufen.[250] Auch inhaltlich werden die AK-AC-Standards von einigen Seiten kritisiert. Im ersten Abschnitt dieser Arbeit wurden einige Weiterentwicklungen der AC-Methode vorgestellt und diese im Vergleich zum Standard-AC dargestellt. Kritik der Standards wird bezüglich ihrer Orientierung am klassischen AC geäußert, da die Inhalte dieser lediglich konkrete Hilfe beim Erarbeiten und Verbessern eines solchen bieten und nicht auf Weiterentwicklungen abgestimmt sind. Für Anwender von weiterentwickelten AC fungieren sie lediglich als Anregung.[251] Auch in Bezug auf die in Abschnitt 3.3 vorgestellten Ansätze zur Verbesserung der Validität wird den AK-AC-Standards Kritik entgegengebracht. So fordern die Standards die Orientierung des Aufbaus und Ablaufs eines AC an Verhaltensbeobachtungen, die sich an Anforderungsdimensionen orientieren.[252] Dies steht im starken Gegensatz zu den Forderungen von einigen Psychologen, die zu einer Abkehr von Dimensionen plädieren (siehe Abschnitt 3.3.3). Auch in Bezug auf die Forderung nach einem multimethodalen AC-Design werden die AK-AC-Standards den Forderungen nicht gerecht. So fordert der Standard 3, dass das AC aus Arbeitssimulationen bestehen sollte.[253]

Es zeigt sich aber im Vergleich der beiden Versionen aus den Jahren 1992 und 2004, dass sich die Standards in Bezug auf die multimethodale Ausrichtung bei der AC-Konstruktion teilweise in diese Richtung weiterentwickelt haben. So wurde in der Version von 1992 noch davon abgeraten, AC mit anderen Verfahren zu kombinieren.[254] Die Standards aus dem Jahr 2004 formulieren die Möglichkeit, psychometrische Verfahren einzusetzen, *„[...] wenn die Anforderungen durch die Simulationen nur unzureichend erfasst werden können"*.[255]

---

[250] Kanning/Pöttker/Gelléri, Zeitschrift für Arbeits- und Organisationspsychologie 2007, 155 (156).
[251] Fisseni/Preusser, Assessment-Center, S. 40.
[252] Fisseni/Preusser, Assessment-Center, S. 7.
[253] Arbeitskreis Assessment Center e.V., Standards der Assessment Center Technik 2004, S. 5.
[254] Runge/Scheid, in: Sünderhauf/Höft/Stumpf, Assessment Center, S. 260; siehe dazu Arbeitskreis Assessment Center e.V., Standards der Assessment Center Technik 2004, S. 5.
[255] Arbeitskreis Assessment Center e.V., Standards der Assessment Center Technik 2004, S. 5; Runge/Scheid, in: Sünderhauf/Höft/Stumpf, Assessment Center, S. 260.

Es lassen sich einige positive und negative Punkte in Bezug auf die AK-AC-Standards finden. In Hinblick auf die Gestaltung, Durchführung und Überprüfung eines klassisch konstruierten AC bieten diese in Hinblick auf die geäußerte Kritik eine zufriedenstellende Hilfestellung und können dabei zu einer Verbesserung der Qualität im AC beitragen. Bei einem abgeänderten AC-Design können diese Standards jedoch lediglich als Anregungen genutzt werden.

4.4.2 Für die DIN 33430

Die DIN 33430 wird insbesondere dafür gelobt, dass sie anders als bisherige Standards außerhalb von psychologischen Berufsverbänden formuliert wurde und dadurch Standards für alle Berufsgruppen setzt, die berufsbezogene Eignungsbeurteilung verwenden. Dadurch schafft sie es aus der Fachwelt herauszukommen und die Ergebnisse aus der Wissenschaft in der Praxis zu etablieren.[256] Auch in Hinblick auf die in Abschnitt 3.2.3 genannten Probleme ist dies hervorzuheben. Die DIN-Norm schafft durch ihre Regelungen einen hohen Standardisierungsgrad, der eine hohe Qualität, Praktikabilität und Wirtschaftlichkeit der Eignungsbeurteilung ermöglicht. Durch die geforderte umfangreiche Dokumentation der Eignungsbeurteilung schafft sie die Möglichkeit, das vorhandene Fachwissen im Unternehmen zu halten und die Einarbeitung neuer Mitarbeiter in dem Bereich zu beschleunigen.[257] Außerdem kann der hohe Dokumentationsaufwand zu einer Erhöhung der Transparenz, Nachvollziehbarkeit und zu einer verbesserten Akzeptanz führen.[258] Schließlich trägt sie dazu bei, das Angebot interner und externer Anbieter von Personaldienstleistungen zu bewerten und unseriöse Anbieter aufzudecken. Verstärkt wird dies außerdem durch die Möglichkeit der DIN-Lizenzierung.[259]

Anders als die AK-AC-Standards, denen als Kritikpunkt ein Fehlen des wissenschaftlichen Belegs vorgeworfen wird, berücksichtigt die DIN den Erkenntnis-

256 Reimann, Report Psychologie 2005, 114 (115).
257 Kersting/Püttner, in: Schuler, Lehrbuch der Personalpsychologie, S. 849ff.
258 Reimann et al., Zeitschrift für Personalpsychologie 2008, 178 (179).
259 Reimann, Report Psychologie 2005, 114 (118ff.).

stand der psychologischen Diagnostik, auch wenn sie sich nicht explizit auf entsprechende Arbeiten beruft.[260] Ein weiteres Argument für die Norm ergibt sich
laut Reimann außerdem in Hinblick auf die anfallenden Kosten des AC.[261] Abschnitt 2.5.2 hat den Kostenfaktor in Bezug auf das AC bereits kurz vorgestellt.
Auch eine DIN-konforme Ausrichtung des AC-Verfahrens ist durch die umfangreichen Forderungen der Norm mit hohen Kosten verbunden. Neben den hohen
Grundkosten eines AC (siehe Abschnitt 2.5.2) beklagen Kritiker der DIN-Norm
außerdem die durch die Ausrichtung hinzukommenden Kosten (siehe unten).[262]
Ein qualitativ hochwertiges Verfahren bietet allerdings die Möglichkeit, kostenef-
fektiver zu arbeiten, indem verdeckte Kosten eingespart werden. Verdeckte
Kosten sind solche, die durch Doppelarbeiten, Fehlbesetzungen und Minder-
leistung, verursacht durch Eignungsmängel, entstehen oder in Form von Tren-
nungskosten oder auch Recruiting-Kosten vorliegen können. So kommt es nach
Reimann in der Praxis durchaus vor, dass durch eine schlechte Kommunikation
und Dokumentation des Auswahlprozesses Auswahlgespräche doppelt geführt
werden und Bewerbungsunterlagen ohne eine vorher durchgeführte Anforderungsanalyse gesichtet und bewertet werden.[263]

Auch ist es wahrscheinlich, dass zufriedene Mitarbeiter für konkurrierende Angebote des Arbeitsmarktes eher weniger Interesse zeigen, als unzufriedene und
deshalb länger im Unternehmen verweilen. Die aus einer Ausscheidung eines
Mitarbeiters entstehenden Kosten (Sichtung von Bewerbungsmappen und Führen von Interviews durch Führungskräfte, Mehrkosten durch die Einarbeitungs-
phase des neuen Mitarbeiters) sowie die anderen genannten verdeckte Kosten
könnten durch eine DIN-konforme Ausrichtung gespart werden, was zu einer
kosteneffektiveren Arbeitsweise führen würde.[264] Unterstützung bei dem Auffin-

---

[260] Oubaid, in: Sünderhauf/Stumpf/Höft, Assessment Center, S. 393.
[261] Reimann, Report Psychologie 2005, 114 (118).
[262] Walther, managerSeminare 2002, 78 (81f.).
[263] Reimann, Report Psychologie 2005, 114 (118).
[264] Reimann et al., Zeitschrift für Personalpsychologie 2009, 35 (36).

den dieser Mängel und den damit verbundenen verdeckten Kosten geben u.a. Kersting und Hornke in Form einer Checkliste zur DIN 33430.[265]

Demgegenüber gibt es auch einige Kritikpunkte. So stellten Reimann et al. in einer Umfrage ernüchternd fest, dass die Norm in den sechs Jahren nach ihrer Einführung sehr viel weniger Verbreitung gefunden hat, als erwartet. Außerdem gaben lediglich 9 % der Befragten an, eine zukünftige Umsetzung zu planen und über die Hälfte der über die Norm informierten Personen an, diese definitiv nicht umsetzen zu wollen.[266]

Kritisiert wird die Norm von verschiedenen Standpunkten. Stimmen aus der Praxis halten die DIN-Norm für realitätsfremd und schlichtweg nicht umsetzbar. Sie begründen dies durch die hohen Anforderungen an die Beteiligten, die Dokumentationsanforderungen und die daraus entstehende hohen Kosten (durch mehr Bürokratie und zusätzliches Personal).[267] Auch wird die Notwendigkeit einer solchen DIN-Norm in Frage gestellt. Wie Abschnitt 3.2.1 gezeigt hat, vermögen AC relativ valide zukünftiges Verhalten vorhersagen. In den Augen des Bundesverbandes deutscher Arbeitgeberverbände (BDA) funktioniert das AC gut, auch ohne eine DIN-Norm.[268] Der eben genannte Abschnitt hat allerdings auch gezeigt, dass die Qualität von AC in der Praxis sehr heterogen ist (siehe Abschnitt 3.2.1).

Bedenken erhebt der BDA außerdem in Bezug auf die unternehmerische Handlungsfreiheit und die Flexibilität der Arbeitgeber. So besteht die Befürchtung, dass die DIN eben diese einschränkt.[269] Auch ihre komplizierten Formulierungen und die große Distanz der verwendeten Terminologie zur betrieblichen Praxis werden beanstandet. So führe diese zu einer Überforderung der AC-Anwender, trotz der bereitgestellten Hilfestellung durch Checklisten und An-

---

[265] Reimann, Report Psychologie 2005, 114 (118); siehe Hornke/Kersting, in: Hornke/Winterfeld, Eignungsbeurteilungen auf dem Prüfstand: DIN 33430 zur Qualitätssicherung, S. 273ff.
[266] Reimann et al., Zeitschrift für Personalpsychologie 2008, 178 (178).
[267] Walther, managerSeminare 2002, 78 (81f.).
[268] Schmidt-Rudloff, Manager Magazin 2002, DINormale Auswahl, zit. nach Reimann, Report Psychologie 2005, 114 (115).
[269] Kersting/Püttner, in: Schuler, Lehrbuch der Personalpsychologie, S. 850.

wendungsliteratur.[270] Einige Psychologen sehen insbesondere die schlechte Akzeptanz und Verbreitung der Norm als Kritikpunkt. Gefordert wird diesbezüglich eine bessere Öffentlichkeitsarbeit in Hinblick auf die DIN 33430 und eine Einführung der Thematik in den Lehrplan von Universitäten.[271] Andere wiederum vertreten die Meinung, dass der Transfer in die Praxis seine Zeit bräuchte und kleine Fortschritte durchaus zu sehen seien.[272]

Es lässt sich vermuten, dass die eher schlechte Verbreitung der Norm durch die entgegengebrachte Kritik bedingt ist. Die Haltung des BDA, die Norm sei überflüssig, ist jedoch fraglich. In der Praxis werden AC mit unterschiedlicher Qualität konzipiert und es bestehen durchaus veraltete Verfahren, die Konstruktionsmängel aufweisen.[273] In Hinblick auf die beklagten zusätzlichen Kosten bei der Ausrichtung nach der Norm sollte allerdings das Gegenargument der kosteneffektiveren Arbeit durch das Aufdecken von Mängeln bedacht werden (siehe oben). So hat die Norm auch das Potenzial, verdeckte Kosten aufzudecken und dadurch zu einem kosteneffektiveren Verfahren beizutragen.[274] Eine überarbeitete Version der DIN-Norm liegt als Entwurf bereits vor und wurde in diesem Kapitel bereits kurz vorgestellt. Es wird sich zeigen, ob und wie die veröffentlichte Norm mit den genannten Kritikpunkten im Detail umgeht.

4.4.3 AK-AC-Standards und DIN 33430 im Vergleich

Wie die Ausführungen des vorangegangenen Abschnittes zeigen, bestehen einige Unterschiede zwischen den AK-AC-Standards und der DIN 33430. Eine Übersicht dieser gibt Abbildung 13. So sind beide Qualitätsstandards auf die AC-Methode anwendbar und versuchen, die Qualität dieser zu verbessern. Jedoch sind sie aus verschieden Kreisen entstanden, haben einen unterschiedlich weiten Geltungsbereich und legen den Fokus auf unterschiedliche Dinge. Unter Berücksichtigung des in diesem Kapitel genannten Lobs und den Kritikpunkten,

---

[270]   Frintrup, Zeitschrift für Personalpsychologie 2008, 181 (181).
[271]   Reiman/Frenzel/Michalke, Zeitschrift für Personalpsychologie 2009, 156 (157).
[272]   Kersting, Zeitschrift für Personalpsychologie 2009, 154 (154ff.).
[273]   Vgl. Gaugler et al., in: Schuler/Stehle, Assessment Center als Methode der Personalentwicklung, S. 37ff.
[274]   Reimann, Report Psychologie 2005, 114 (118).

die sich auch aus den aufgezeigten Unterschieden der Standards ergeben, werden die Inhalte der beiden Regelungswerke in die abschließenden Handlungsempfehlung eingearbeitet und in einem Schriftstück mit den Ergebnissen der vorherigen Kapitel zusammengeführt.

AK-AC-Standards	DIN 33430
Aktuelle Fassung aus dem Jahr 2004	Aktuelle Fassung aus dem Jahr 2002 + veröffentlichter Entwurf der Überarbeitung (2014)
Erarbeitet durch Zusammenschluss von AC-Experten aus Wirtschaft- und Dienstleistungsunternehmen	Erarbeitet in Zusammenarbeit des Berufsverbandes Deutscher Psychologen und Psychologinnen & der Deutschen Gesellschaft für Psychologie
Geltungsbereich nur für AC-Praxis	Geltungsbereich auf gesamte berufsbezogene Eignungsdiagnostik
Hervorheben der Implementierung des AC in das jeweilige Personal- und Organisationsentwicklungssystems	Hervorheben der Dokumentation der einzelnen Schritte und der notwendigen Wissensbereiche der beteiligten Personen
Beinhalten eines ‚Verstöße-Bereichs‘ mit Negativbeispielen	Streng formalisierter Entwicklungsprozess (Einflussnahme auf Inhalt, Einspruchsrecht für DIN-Entwurf, Überprüfung alle 5 Jahre)
Keine Lizenzierung möglich	DIN Lizenzierung möglich
Übersichtliches, kompaktes Regelungswerk in 9 Standards	Umfang- und detailreiches Regelungswerk in mehreren Abschnitten
Erarbeitung ohne wissenschaftliche Belege	Berücksichtigung des Erkenntnisstandes der psychologischen Diagnostik bei der Erarbeitung

Abbildung 13: Unterschiede AK-AC-Standards und DIN 33430[275]

---

[275] Quelle: Eigene Darstellung.

5. Handlungsempfehlung für die Konzeption und Durchführung von AC

Wie die vorherigen Abschnitte verdeutlicht haben, gibt es einige Ansätze aus der Wissenschaft und Praxis, die die Qualität von AC verbessern und einen Standard an Qualität in die Praxis bringen wollen. Um die Qualität von AC sicherzustellen, sollten einige Aspekte bei der Konzeption und Durchführung beachtet werden. Diese leiten sich aus den vorgestellten Qualitätsstandards und den wissenschaftlichen Erkenntnisse ab und sollen in einem folgenden Schritt in Form einer Handlungsempfehlung zusammengetragen werden. Grundlage bilden deshalb die dargestellte DIN 33430 und die AK-AC-Standards. Die Inhalte dieser werden erweitert durch die Erkenntnisse der vorgestellten Studien, wenn diese noch nicht in die Qualitätsstandards eingearbeitet sind. Bei kontroversen Aussagen werden die herausgearbeiteten wissenschaftlichen Befunde bevorzugt.

In Hinblick auf das AC-Design wurden zum Teil sehr unterschiedliche Ansätze vorgestellt, die die bestehende Notwendigkeit weiterer Forschung verdeutlichen. Der Schwerpunkt der folgenden Handlungsempfehlung liegt auf der Anpassung und Veränderung des AC-Designs und nicht auf einem dimensionslosen AC. Die AC-Konzeption der letzten Jahrzehnte ist durch eine Ausrichtung an Dimensionen geprägt. Obwohl schon Sackett & Dreher im Jahre 1984 eine Abkehr von Dimensionen vorschlugen, ist der Aufbau eines Standard-AC durch die Orientierung an Dimensionen gekennzeichnet.[276] Auch war ein Großteil der Forschung der letzten Jahrzehnte darauf ausgerichtet, verschiedene methodische und designorientierte Veränderungen in Hinblick auf die Konstruktvalidität zu untersuchen (siehe Abschnitt 3.2.2). Vermutlich ist dies ein Grund dafür, weshalb dem dimensionslosen Ansatz sehr viel Kritik entgegengebracht wird. Aus diesen Gründen erfolgt eine Orientierung an den dimensionsbeinhaltenden Ansatz.

---

[276] Vgl. Lance, Industrial and Organizational Psychologie 2007, 84 (95).

Aufgebaut ist die Handlungsempfehlung in sieben chronologische Arbeitsschritte, welche der Praxis bei der Konzeption und Durchführung von AC als Unterstützung dienen und eine Organisationshilfe darstellen sollen. Organisiert ist diese in Form von Fließtext und in sinnvollen Bereichen bei mehreren Punkten in Form von auflistenden Stichpunkten. Sie thematisiert sowohl die vorangestellten notwendigen Tätigkeiten, wie die Abstimmung der Rahmenbedingungen und organisatorische und analytische Aspekte (z.B. Entscheidung welche Art von AC und Durchführung einer Nutzenanalyse), als auch in chronologischer Reihenfolge die darauf aufbauenden Schritte der Konzeption und Durchführung des Verfahrens, der Auswahl und Vorbereitung der beteiligten Personen, der Auswertung nach dem Verfahren und die nachgestellten Tätigkeiten (Güteprüfung und regelmäßige Anpassung des Verfahrens). In ihren Arbeitsschritten gibt sie z.T. sehr detaillierte Empfehlungen, indem sie in Hinblick auf die Vorbereitung der beteiligten Personen Mindestinhalte eines Beobachtertrainings benennt oder hinsichtlich der Anforderungsanalyse die Anzahl der Dimensionen und die inhaltliche Gestaltung dieser thematisiert. Sie ist eine Zusammenführung der herausgearbeiteten Erkenntnisse mit den in der Praxis verwendeten Qualitätsstandards und ist im Anhang dieser Arbeit abgelegt, beginnend ab Seite 76.

6. Fazit

In der vorliegenden Arbeit wurden einige Trends und auch Probleme und Kritikpunkte der AC-Methode in Hinblick auf ihre Qualität vorgestellt. Die aufgezeigten Untersuchungen konnten verdeutlichen, dass sich AC einer hohen Verbreitung erfreuen und durch ihre Flexibilität bei der Gestaltung den Bedürfnissen
entsprechend abwandelbar sind. Die Frage nach der zuverlässigen Wirkungsweise und Gültigkeit der AC-Technik konnte grundsätzlich bejahend beantwor-
tet werden. Die Kritik, die dem AC hinsichtlich seiner Vorhersagefähigkeit entgegengebracht wird, stellte sich als nur z.t. zutreffend heraus. Ob das AC jedoch hinsichtlich seiner Konkurrenzfähigkeit im Vergleich zu anderen eignungsdiagnostischen Verfahren an Bedeutung verloren hat, bleibt im Rahmen dieser
Arbeit fraglich und noch zu untersuchen. In der wissenschaftlichen Betrachtung
hat die Gegenüberstellung der Untersuchungen gezeigt, dass AC als prognostisch valide angesehen werden können. Die große Streuung der Validitätskoeffizienten in den angeführten Studien macht allerdings deutlich, dass die Qualität
der in die Studie eingegangenen AC in Hinblick auf ihre prognostische Validität
sehr unterschiedlich war. Allein durch die Bezeichnung AC wird kein valides
Verfahren geschaffen. Auf die zu Beginn gestellte Frage der Quantität und Qualität bedeutet dies, dass eine hohe Quantität nicht gleich mit einer hohen Qualität einhergeht.

Auch die Konstruktvalidität des AC wurde in Hinblick auf die Qualität untersucht.
In der Arbeit konnte verdeutlicht werden, dass es sehr unterschiedliche Ansätze
zum einen in Hinblick auf das Existieren des Konstruktvaliditätsproblems, und
zum anderen auf die Ursachen dieses und möglichen Ansätzen diesem entgegenzutreten, bestehen. Insbesondere die große Diskrepanz der vorgestellten
Ansätze zeigt die dringende Notwendigkeit weiterer Forschung. Auch wurde
deutlich, dass mehr Möglichkeiten geschaffen werden müssen, die wissenschaftlichen Befunde der AC-Forschung verständlich in die Praxis überzuleiten.
Zwar wird durch das Erarbeiten und Publizieren von Standards und der DIN-
Norm schon viel für die Qualitätssicherung von AC getan, jedoch hat die Arbeit
auch verdeutlicht, dass die Hilfsmittel nicht immer die Verbreitung genießen, die

erhofft wird. In den Jahren nach deren Veröffentlichung haben sich einige Möglichkeiten der Verbesserung ergeben, die in den aktuellen Versionen der AK-
AC-Standards und der DIN 33430 nicht enthalten sind. Die erarbeitete Handlungsempfehlung versucht genau diese Lücke zu schließen, indem sie die herausgearbeiteten wissenschaftlichen Befunde mit den zwei vorgestellten Qualitätsstandards verbindet und das Ziel einer Zusammenführung der Erkenntnisse
aus der Wissenschaft mit denen aus den bestehenden Qualitätsstandards aus
der Praxis für eine qualitativ hohe AC-Entwicklung und deren Sicherung erfüllt.
Die vorgestellte DIN-Norm befindet sich gerade in einer Überarbeitungsphase.
Es wird sich im Detail zeigen, inwieweit diese neue Norm wissenschaftliche Befunde und die angebrachte Kritik unterbringt.

Die Entwicklung von qualitativ hohen AC und deren Sicherung ist ein fortlaufen-
der Prozess, der sich flexibel am aktuellen Stand der Wissenschaft orientiert
und einer ständigen Verbesserung unterliegt. Es sind noch längst nicht alle
Fragen hinsichtlich der Wirkungsweise von AC bekannt, wodurch sich in den
kommenden Jahren mit voranschreitender Forschung wieder neue Aspekte ergeben werden, die bei einer qualitativ hohen AC-Konstruktion und
-Durchführung beachtet werden sollten. Ziel ist es demnach, die Forschung im
AC-Bereich weiter voranzutreiben und im Anschluss eine Implementierung der
Erkenntnisse in die Praxis sicherzustellen.

Anhang

Handlungsempfehlung für die Konzeption und Durchführung von Assessment-Centern

Arbeitsschritt 1: Analyse und Organisation der Einführung eines Assessment-Center-Verfahrens

Vor der endgültigen Entscheidung für die Einführung eines Assessment Centers (AC) in den Unternehmenskontext sollten einige organisatorische Aspekte bedacht und abgestimmt werden. Denn nicht für jedes Unternehmen ist das AC-Verfahren die richtige Entscheidung in Hinblick auf eine Eignungsbeurteilung. Kosten und Nutzen der Implementierung sollten im Vorfeld detailliert abgewogen werden. Grundlage dieser Überlegung sollten folgende Rahmenbedingungen sein:

> ➢ Ziel des Verfahrens (Personalauswahl / Personalentwicklung)
> ➢ Detaillierte Planung von Ressourcen, Budget und Zeithorizont der Einführung
> ➢ Gestaltung durch interne Konzeption / externe Dienstleistung?
> ➢ Vorhandensein von qualifiziertem Personal bei interner Konzeption?
> ➢ Nutzenanalyse: Welche Vorteile ergeben sich durch die Einführung?
> ➢ Kostenplan: Überwiegt der Nutzen die Kosten?

Neben den aufgezählten Rahmenbedingungen gibt es weitere Aspekte, die im Vorfeld abgeklärt werden sollten. Nur so kann das AC auch erfolgreich umgesetzt und nutzenbringend in den Unternehmenskontext implementiert werden:

> ➢ Gestaltung der Einbindung des AC in den Unternehmenskontext
> ➢ Umgang mit auftretender Verliererproblematik
> ➢ Stellenwert des AC-Ergebnisses im Vergleich zu anderen Entscheidungsmethoden (z.B. Empfehlung durch Fachvorgesetzten)
> ➢ Folgen des AC-Ergebnisses: Konsequenzen für die Teilnehmer, Gültigkeit des Ergebnisses, Folgemaßnahmen je nach Ausgang

➢ Beachtung von gesetzlichen Vorgaben (z.B. Datenschutzbestimmungen,
   Mitwirkungsrechte)

➢ Klärung der Verantwortlichkeiten bei der Konzeption

Ergebnis dieser Analyse und Planung kann die Entscheidung für oder gegen
den Einsatz eines AC im Unternehmen sein. Zu einer vollständigen Delegation
aller Prozessschritte an Dritte ist nicht zu raten. Es empfiehlt sich, eine sorgfältige Dokumentation der Analyse und Organisation vorzunehmen. Sollte die Entscheidung für ein AC ausfallen, wird ein Vorgehen nach den folgenden Arbeitsschritten empfohlen.

Arbeitsschritt 2: Durchführen einer Anforderungsanalyse zur Ermittlung
erfolgskritischer Voraussetzungen für den zu besetzenden Arbeitsplatz

Um die Eignung einer Person zu einer spezifischen Stelle festzustellen, müssen
zunächst erfolgskritische Anforderungen an diese exakt herausgearbeitet werden. Dies geschieht mithilfe einer Anforderungsanalyse. Diese sollte auf einer
fundierten Zusammenstellung verschiedener Analysemethoden begründet sein.
Aus dieser Analyse werden im Anschluss konkrete Persönlichkeitsmerkmale
und sonstige erforderliche Wissensbereiche und Fertigkeiten abgeleitet, die zur
Erfüllung der Anforderung an die Stelle benötigt werden. Diese werden in Form
von Anforderungskriterien / Dimensionen ausgearbeitet. Ergebnis dieses Schrit-
tes ist die Definition eines Anforderungsprofils. Bei der Analyse und Erstellung
dieses Anforderungsprofils sollten folgenden Punkte beachtet werden:

➢ Bedenken und gegebenenfalls Berücksichtigung von aktuellen und zukünftigen Anforderungen

➢ Gegebenenfalls Berücksichtigung / Integration von Personal- und Ent-
   wicklungskonzepten oder Unternehmenszielen

➢ Einbindung von Personen, die bei der Gestaltung der Zielposition beteiligt sind (Stelleninhaber / Entscheidungsbefugter)

➢ Verfassen von Verhaltensweisen und spezifischen Operationalisierungen
   für jede Übung, sowie Beispielaussagen für die Anforderungskriterien

> Festsetzung von Ausprägungsgraden der herausgearbeiteten notwendigen Eignungsmerkmale

> Herausarbeiten der Anforderungsdimensionen in Anlehnung an Persönlichkeitsmerkmale

> Sicherstellen der inhaltlichen Unterscheidbarkeit der Anforderungsdimensionen

> Berücksichtigung einer bestimmten maximalen Anzahl an Dimensionen pro Übung (3-5)

Es besteht die Möglichkeit, bereits vorhandene Unterlagen wie Tätigkeits- oder Stellenbeschreibungen bei der Definition des Anforderungsprofils mit einfließen zu lassen, soweit diese noch dem aktuellen Stand entsprechen. Der Prozess sollte dabei nachvollziehbar dokumentiert werden, indem insbesondere die beteiligten Personen und deren Qualifikation, die verwendeten Quellen, die genutzten Analyse- und Auswertungsmethoden und deren Ergebnisse festgehalten werden. Es sollte außerdem aus der Dokumentation deutlich werden, welche Gründe zu der Ableitung der personenrelevanten Voraussetzungen aus der Anforderungsanalyse geführt haben. Der vorliegende Arbeitsschritt 2 stellt die Grundlage für die nachfolgenden Arbeitsschritte dar.

Arbeitsschritt 3: Konzeption des Assessment-Centers auf Grundlage der Anforderungsanalyse

Auf Grundlage der zuvor erarbeiteten Anforderungskriterien und deren Operationalisierungen und Verhaltensbeispielen müssen nun Aufgaben bzw. Übungen erarbeitet werden, in denen diese Anforderungskriterien in Form von Verhaltensweisen beobachtet werden können. Grundlage sollten dabei Arbeitssimulationen sein, in denen erfolgskritische Arbeitssituationen des beruflichen Alltags realistisch nachgestellt werden. Bei der Konstruktion dieser sollten folgende Aspekte beachtet werden:

> Konzeption der Aufgaben geschieht auf Grundlage der durchgeführten Anforderungsanalyse

➢ Aufgaben sind geeignet, Verhaltensbeobachtungen hinsichtlich der Kriterien zu ermöglichen

➢ Pro Anforderung ergeben sich in der jeweiligen Aufgabe mehrere Be-
obachtungsmöglichkeiten

➢ Jede Anforderung sollte in mehr als einer Übung erfasst werden können

➢ Zusammensetzung der Übungen aus Verhaltenssimulationen, Abfrage
biografischer Informationen (z.b. durch Interviews) und psychologischen
Testverfahren

➢ Kombination aus Einzel-, Gruppen- und schriftlichen Übungen

➢ Einbinden von Peer-Ratings der Kandidaten in die Konzeption

➢ Abstimmung, dass sich alle Übungen gleich gut zur Messung bestimmter
Kriterien eignen

➢ Festsetzung von Mindeststandards für eine gelungene Durchführung der
Übungen

Bei der Verwendung von psychologischen Testverfahren sollte außerdem abgeklärt werden, wie mit der Nichtbeantwortung von Testitems umgegangen
wird. Jede Übung sollte vor ihrem Einsatz im AC einen Probelauf durchlaufen
haben, um die Tauglichkeit in der Praxis zu überprüfen. Neben der Konzeption
der Aufgaben ist außerdem die Konzeption des Beobachtungs- und Beurteilungssystems wichtig. Bei der Ausarbeitung dieses sind folgende Punkte zu
beachten:

➢ Beobachtungs- und Beurteilungssystem ist geeignet, die Beziehung von
Beobachtung und Bewertung zu regeln

➢ Beobachtungs- und Beurteilungssystem regelt, wie die Daten der einzelnen Beobachter am Ende des AC zusammengeführt werden

➢ Beobachtung der Assessoren erfolgt anhand der definierten Anforderungen

➢ Beobachtung jedes Kandidaten in einer Übung von mindestens zwei Assessoren

➤ Gestaltung des Systems in Verbindung mit verhaltensorientierten Checklisten

➤ Bewertung der Beobachter über die Aufgaben hinweg, nicht direkt nach
   jeder Übung

Alle Aspekte der Auswertung und Durchführung sollten vor dieser festgelegt
werden. Es sollten genaue Leitlinien erarbeitet und dokumentiert werden aus
denen hervorgeht, wie die Ergebnisse zur Eignungsbeurteilung führen. Jeder
Teilnehmer sollte im Anschluss an das Verfahren die Möglichkeit eines persön-
lichen Feedbacks durch ein bis zwei Beobachter hinsichtlich seiner Leistung
erhalten. Die Gestaltung dieses sollte außerdem in diesem Arbeitsschritt erfolgen. Es ist zu empfehlen, dem Kandidaten eine schriftliche Zusammenfassung
seiner Leistung nach dem AC auszuhändigen. Wird beabsichtigt im AC das
Lernpotenzial der Kandidaten zu messen, sollte es außerdem ein zwischenge-
staltetes Feedback geben. Die Übungsmaterialien der Teilnehmer und deren
Instruktionen sollten vor der Durchführung des AC vollständig ausgearbeitet
sein, um den Kandidaten die bestmögliche Chance einer guten Bearbeitung zu
geben. Es ist weiterhin darauf zu achten, dass die Materialien eine objektive
Durchführung unterstützen und wenig Spielraum für Verfälschungen geben. Um
Objektivität der Durchführung, Auswertung und Interpretation des Verfahrens
sicherzustellen, sollten Verfahrenshinweise verfasst werden, aus denen spezifisch hervorgeht, wie die Handhabung des AC zu geschehen hat. Diese müssen
die Möglichkeit einer kritischen Bewertung und ordnungsgemäßen Durchführung des Verfahrens ermöglichen.

Neben der Objektivität des Verfahrens sind außerdem die Zuverlässigkeit (Reliabilität) und die Gültigkeit (Validität) dieses sicherzustellen. Die Entscheidungen
während der Konstruktionsphase sollten in Hinblick auf die Gütekriterien getä-
tigt werden. Ob das konstruierte Verfahren diesen Gesichtspunkten am Ende
gerecht wird, ist durch eine empirische Analyse hinsichtlich Validität, Reliabilität
und Objektivität zu untersuchen (siehe Arbeitsschritt 7). Auch in diesem Arbeitsschritt ist eine gute Dokumentation des Prozesses zu empfehlen, sodass

nachvollzogen werden kann, wie die Entscheidungen auch in Hinblick auf die Gütekriterien begründet sind.

Arbeitsschritt 4: Auswahl und Vorbereitung der beteiligten Personen

Die beteiligten Personen am AC müssen vor der Durchführung angemessen ausgewählt und vorbereitet werden. Als beteiligte Personen gelten insbesondere:

> ➤ Teilnehmer
> ➤ Beobachter
> ➤ Moderator
> ➤ Gegebenenfalls Rollenspieler

Hinsichtlich der Teilnehmer sollte eine gründliche Vorauswahl stattfinden. Für diese sind verbindliche Auswahlkriterien festzusetzen, die aus dem zuvor definierten Anforderungsprofil abzuleiten sind (z.B. Vorinterview / Testverfahren). Nur Kandidaten mit realistischen Erfolgschancen dürfen für das AC zugelassen werden, um der Verliererproblematik entgegen zu wirken. Auch sollten die Kandidaten standardisiert vorab über den jeweiligen Arbeitsplatz und deren Inhalte, sowie die Art der Aufgaben, das Grundziel, den Ablauf und über Chancen und Risiken informiert werden, damit ihnen eine Entscheidung für / gegen die Teilnahme möglich ist. Bei internen AC ist darauf zu achten, dass eine standardisierte Vorbereitung der Kandidaten auf das AC erfolgt. In diese sollte bei internen AC der jeweilige Vorgesetzte möglichst eingebunden werden. Hinsichtlich der Transparenz der Dimensionen ist es zu empfehlen, je nach Zielsetzung des AC unterschiedlich vorzugehen. Bei Personalentwicklungs-AC empfiehlt sich eine Bekanntgabe der verwendeten Dimensionen an die Kandidaten, wohingegen bei Personalauswahlzwecken keine Informationen diesbezüglich an die Kandidaten gegeben werden sollten.

Auch bei der Auswahl und Zusammensetzung der Beobachter sind einige Aspekte zu beachten:

➢ Zusammensetzung der Beobachtergruppe aus höheren Mitarbeitern des Unternehmens abgestimmter Fachbereiche in Abhängigkeit der Zielposition und Psychologen

➢ Beobachtertätigkeit geschieht auf freiwilliger Basis

➢ Kombination aus erfahrenen und neuen Beobachtern im AC

➢ Einsatz von externen Beratern wenn nötig

➢ Keine bestehende Bekanntschaft zwischen Beobachtern und Kandidaten

Jeder Beobachter ist vor seinem Einsatz im AC gründlich zu schulen. Nur so kann eine objektive, standardisierte und gerechte Durchführung gesichert werden, die den Qualitätsanforderungen der Gütekriterien gerecht wird. Auch unterstützt eine solche Schulung die Akzeptanz des AC. Inhalte dieses Trainings sollten mindestens sein:

➢ Informationen über das Konzept der Eignungsbeurteilung

➢ Darstellung der verwendeten Übungen und Methoden des AC

➢ Aufklärung über die Anforderungskriterien und deren Abgrenzung

➢ Vorstellung und Übung des konzipierten Beobachtungs- und Beurteilungssystems

➢ Einführung in den Interviewleitfaden und Durchführung einer Übungseinheit

➢ Sensibilisierung für Beobachtungs- und Bewertungsfehler

➢ Vertraut machen mit den Gütekriterien

Verändern sich Inhalte des AC oder fällt ein Beobachter für längere Zeit aus, sollte eine Nachschulung der Beobachter / des Beobachters durchgeführt werden. Jedes AC muss von einem geeigneten Moderator durchgeführt werden. Dieser sollte fundierte Kenntnisse im Bereich der Eignungsdiagnostik haben und auf die Durchführung des spezifischen AC vorbereitet werden, um Qualitätseinbußen durch inkompetente Handhabung entgegenzuwirken. Werden Rollenspiele als Übungsvariante verwendet, müssen auch die eingesetzten Rollenspieler für ihre Aufgabe geeignet ausgesucht und auf ihren Einsatz sorgfältig durch ein Training vorbereitet werden. Zu beachten sind dabei ein standardisiertes Schwierigkeitsniveau und die Anpassungsfähigkeit des Rollenspielers an die spezifische Situation.

Arbeitsschritt 5: Planung und Durchführung des Assessment-Centers

Hinsichtlich der Planung des AC müssen außerdem einige organisatorische Rahmenbedingungen erfüllt werden:

> ➢ Rechtzeitige Planung der benötigten Räumlichkeiten und Information der beteiligten Personen
> ➢ Beschaffung der Räumlichkeiten für einen ungestörten Ablauf
> ➢ Vorhandensein eines realistischen, zugänglichen Ablaufplans für alle beteiligten Personen
> ➢ Bereitstellen einer Anforderungs-Übungsmatrix und eines Beobachterrotationsplans für die Assessoren
> ➢ Sicherstellung der technischen Gegebenheiten bei computergestützter Durchführung

Des Weiteren sollte gewährleistet werden, dass keinem Teilnehmer durch die Gestaltung des Ablaufplans Nachteile entstehen. Eine vergleichbare Reihenfolge der Teilnehmer ist im Ablaufplan sicherzustellen. Zu Beginn der Durchführung sind die Kandidaten durch den Moderator über den Ablauf und die Regeln und ihre Verschwiegenheit hinsichtlich der AC-Inhalte zu informieren. Außerdem muss die Zustimmung der Teilnehmer über die freiwillige Teilnahme eingeholt werden. Die Wartezeiten der Teilnehmer sind während der Durchführung möglichst kurz zu halten. Vor jeder Übung im AC sollten die Teilnehmer außerdem eine standardisierte Einführung in die Übung erhalten und je nach Zielsetzung des AC über die Anforderungsdimensionen informiert werden.

Bei Interviews mit verschiedenen Beurteilern sollten die Beurteilungen möglichst übereinstimmen. Um einer ungewollten Verbreitung der Aufgabeninhalte entgegenzuwirken ist es zu empfehlen, diese nach jeder Übung einzusammeln. Auch in der Durchführungsphase ist auf die Gewährleistung der Objektivität der Durchführung zu achten. Eine standardisierte Einhaltung der zuvor konzipierten und festgesetzten Regeln muss sichergestellt werden. Wird aus bestimmten

Gründen von den Regeln abgewichen, ist dies bei der Interpretation und Urteilsbildung zu berücksichtigen. Die Beobachtung und Bewertung der Kandidaten ist anhand des zuvor konzipierten Beobachtungs- und Bewertungssystems vorzunehmen und bildet die Grundlage für die Eignungsdiagnose. Es sollte eine nachvollziehbare Dokumentation der Beobachtung und Bewertung erfolgen.

Arbeitsschritt 6: Auswertung und Urteilsbildung

Die einzelnen Urteile der Beobachter nach der letzten Übung sind zeitnah im Anschluss zusammenzutragen. Auch hier sind die zuvor festgesetzten Regeln des Beobachtungs- und Bewertungssystems einzuhalten. Gab es Abweichungen aus bestimmten Gründen, sind diese angemessen zu berücksichtigen. Der Moderator hat sicherzustellen, dass folgende Aspekte während der anschließenden Beobachterkonferenz für eine objektive Bewertung sichergestellt werden:

- ➢ Gleiche Zeiteinheit für jeden Kandidaten
- ➢ Unabhängige Beurteilung für jeden Kandidaten
- ➢ Orientierung der Bewertung an Referenzgruppe, falls vorgesehen
- ➢ Eingehen lediglich anforderungsrelevanter Eignungsmerkmale in die Bewertung (auch aus z.B. Bewerbungsunterlagen)
- ➢ Sicherstellung von Belegen für alle Aussagen

Es sollte festgehalten werden, inwieweit sich Ergebnisse aus den Übungen widersprechen oder zu gleichen Interpretationen kommen. Findet eine computergestützte, automatische Urteilsbildung statt, müssen die Teilnehmer über diesen Umstand informiert werden und die Richtigkeit des Ergebnisses sichergestellt werden. Für jeden Kandidaten sollten Stärken und Schwächen hinsichtlich des Anforderungsprofils erstellt werden. Je nach Art des AC ist entweder die Gesamtentscheidung hinsichtlich einer bestimmten Stelle und konkreten Entwicklungsempfehlungen oder bei internen AC ein individueller Maßnahmenplan je nach Abschneiden, für die nächsten Schritte und auf Grundlage des Ergebnisses, zu erarbeiten.

Jedem Kandidaten muss auf freiwilliger Basis im Anschluss an die Auswertung die Möglichkeit eines individuellen Feedbacks seiner Leistung angeboten werden. Der Feedbackprozess ist nach dem in der Konstruktionsphase festgelegten Rahmenbedingungen durchzuführen. Es ist darauf zu achten, dass sich die Rückmeldung an den Kandidaten ausschließlich auf das in den Aufgaben beobachtete Verhalten bezieht. Eine Dokumentation der Auswertung und Urteilsbildung sollte durchgeführt werden. Aus dieser ist hervorzugehen, welche Ergebnisse die Eignungsbeurteilung begründen. Die Ergebnisse und Entscheidungen sind schnellstmöglich an die zuständigen Stellen weiterzugeben. Auch bei der Durchführung des geplanten AC sollte darauf geachtet werden, dass Objektivität, Reliabilität und Validität des Verfahrens durch Einhaltung des geplanten Ablaufs des AC bestmöglich sichergestellt werden.

Arbeitsschritt 7: Regelmäßige Güteprüfung und Anpassung des Assessment-Centers

Durch eine sorgfältige Konstruktion und Durchführung des AC wird das Ziel verfolgt, eine qualitativ hohe Eignungsbeurteilung vorzunehmen. Ob das geplante AC diesen Ansprüchen in der Praxis auch gerecht wird, sollte in regelmäßigen Abschnitten überprüft werden, um gegebenenfalls Veränderungen für eine bessere Qualität vorzunehmen. Die Überprüfung sollte mindestens bei folgenden Gegebenheiten durchgeführt werden:

> ➤ Einführung eines neu entwickelten AC
> ➤ Einschlägige Veränderungen im AC-Ablauf / -Materialien / -Organisation
> ➤ Ausrichtung des AC an neue Zielgruppe
> ➤ Bei Nicht-Veränderungen in regelmäßigen Abständen (alle 2-5 Jahre)

Die Schwerpunkte der Überprüfung sollten dabei auf der Prognosefähigkeit des AC, der inneren Struktur und der Akzeptanz und Fairness liegen. Außerdem sind die Referenzwerte, falls diese im AC Anwendung finden, spätestens alle acht Jahre zu kontrollieren. In regelmäßigen Abständen sollte eine Überprüfung des wissenschaftlichen Forschungsstandes im AC-Bereich stattfinden und neue Erkenntnisse gegebenenfalls in die Anpassung des AC mit einfließen, um von neuen Forschungsbeiträgen profitieren zu können. Hinsichtlich des Beobachtungs- und Bewertungssystems ist es bei wiederholten Auswahlprogrammen zu empfehlen, eine Überprüfung der festgesetzten Leitlinien, anhand derer die Ergebnisse aus dem AC zu der Eignungsbeurteilung führen, spätestens alle drei Jahre vorzunehmen. Die Güteprüfung ist dabei nach Möglichkeit von Personen durchzuführen, die nicht an der Entwicklung teilgenommen haben. In Hinblick auf die Prognosefähigkeit sind folgende Punkte zu untersuchen:

➢ Prognosefähigkeit des AC-Ergebnisses in Hinblick auf bestimmte Außenkriterien

➢ Überprüfung der Umsetzung der Entwicklungsmaßnahmen / des Maßnahmenplans

Im Bereich der inneren Struktur:

➢ Angebrachter Schwierigkeitsgrad der Übungen und Dimensionen

➢ Gleiche Eignung der Übungen zur Messung der jeweiligen Dimensionen

➢ Angemessene Anzahl und Auswahl der Dimensionen in Hinblick auf Unterscheidbarkeit und Anlehnung an Persönlichkeitsmerkmalen

➢ Hinreichender Informationsgewinn aus den Übungen hinsichtlich der Dimensionen für das zu fällende Gesamturteil

➢ Analyse, ob Teilnehmerverhalten durch Übungsfaktoren oder Dimensionsfaktoren erklärt werden kann

In Hinblick auf die Akzeptanz und Fairness sollten diese bei den beteiligten Personen nach der Teilnahme erfragt und festgehalten werden. Die Möglichkeit zur Äußerung von Verbesserungsvorschläge sollte gegeben sein, um die Akzeptanz und Fairness bei schlechten Werten verbessern zu können.

Literatur- und Quellenverzeichnis

ALDERING, CHRISTOPH, Orientation Center - Ein neues Instrument der Personalentwicklung, in: Jochmann, Walter (Hrsg.), Innovationen im Assessment-Center: Entwicklungen, Alternativen und Einsatzmöglichkeiten im Chance Management, Stuttgart 1999, S. 109-127.

ARBEITSKREIS ASSESSMENT CENTER E.V., Standards der Assessment Center Technik 2004 <http://www.arbeitskreis-ac.de/index.php?option=com_conte nt&view=article&id=150>, (letzter Aufruf: 06.07.15, 19.49 Uhr).

ARBEITSKREIS ASSESSMENT CENTER E.V., Standards der Assessment Center Technik <http://www.arbeitskreis-ac.de/index.php/uebersicht>, (letzter Aufruf: 06.07.15, 19.49 Uhr).

ARBEITSKREIS ASSESSMENT CENTER E.V., Standards der Assessment Center Technik 1992 <http://www.arbeitskreis-ac.de/index.php/akac-standard-von-1992>, (letzter Aufruf: 06.07.15, 19.49 Uhr).

BENIT, NILS/SOELLNER, RENATE, Validität von Assessment-Centern in deutschen Unternehmen - Vergleich von Unternehmensdaten mit einer bestehenden Metaanalyse, Personalführung 2012, Heft 11/2012, 32-39.

BRAY, W. DOUGLAS/GRANT, L. DONALD, The Assessment Center in the measurement of potential for business management, Psychological Monographs: General and Applied 1966, Heft 80/1966, 1-27.

BREISIG, THOMAS/SCHULZE, HERBERT, Das mitbestimmte Assessment Center, Baden-Baden 1998.

CAMPBELL, T. DONALD/FISKE W. DONALD, Convergent and discriminant validity by the multitrait-multimethod matrix, Psychological Bulletin 1959, Heft 56/1959, 81-105.

ECK, CLAUS/JÖRI, HANS/ VOGT, MARLÈNE, Assessment-Center, Heidelberg 2007.

FISSENI, HERMANN-JOSEF/PREUSSER, IVONNE, Assessment-Center: Eine Einführung in Theorie und Praxis, Göttingen et al. 2007.

FRINTRUP, ANDREAS, Die Personalpraxis braucht keine Norm - sie braucht solide Methoden, Zeitschrift für Personalpsychologie 2008, Heft 7/2008, 181-183.

GAUGLER, B. BARABARA/THORNTHON III, C. GEORGE, Number of Assessment-Center dimensions as a determinant of assessors accuracy, Journal of Applied Psychology, 1989 Heft, 74/1989, 611-618.

GAUGLER, B. BARBARA ET AL., Die prädiktive Validität des Assessment Centers - eine Metaanalyse, in: Schuler, Heinz/Stehle, Willi (Hrsg.), Assessment Center als Methode der Personalentwicklung, 2 Aufl., Göttingen et al. 1992, S. 36-60.

GAUGLER, B. BARBARA ET AL., Die prädiktive Validität des Assessment Centers - eine Metaanalyse, in: Schuler, Heinz (Hrsg.), Assessment Center zur Potenzialanalyse, Göttingen et al. 2007, S. 171-191.

GÖRLICH, YVONNE ET AL., Evaluation zweier Potenzialanalyseverfahren zur internen Auswahl und Klassifikation, in: Schuler, Heinz (Hrsg.), Assessment Center zur Potenzialanalyse, Göttingen et al. 2007, S. 203-232.

HARDISON, M. CHAITRA/SACKETT, R. PAUL, Kriterienbezogene Validität des Assessment Centers: lebendig und wohlauf?, in: Schuler, Heinz (Hrsg.), Assessment Center zur Potenzialanalyse, Göttingen et al. 2007, S. 192-202.

HERMELIN, ERAN/LIEVENS, FILIP/ROBERTSON, T. IVAN, The validity of Assessment Centres for the prediction of supervisory performance ratings: A meta-analysis, International Journal of Selection and Assessment 2007, Heft 15/2007, 405-411.

HÖFT, STEFAN, Die Assessment Center-Bewertung als Ergebnis vieler Faktoren: Differenzierung von Einflussquellen auf Assessment Center-Beurteilungen mithilfe der Generalisierbarkeitstheorie, in: Schuler, Heinz (Hrsg.), Assessment Center zur Potenzialanalyse, Göttingen et al. 2007, S. 274-293.

HÖFT, STEFAN, Gutes AC, schlechtes AC? Ein kritischer Kommentar zu den wissenschaftlichen Qualitätskriterien für Assessment Center von Kanning et al. (2007), Zeitschrift für Arbeits- und Organisationspsychologie 2009, Heft 53/2009, 74-77.

HÖFT, STEFAN/FUNKE, UWE, Simulationsorientierte Verfahren der Personalauswahl, in: Schuler, Heinz (Hrsg.), Lehrbuch der Personalpsychologie, 2. Aufl., Göttingen et al. 2006, S.145-187.

HOLZENKAMP ET AL., The Predictive validity of Assessment Centers in geman-speaking regions: A Meta-Analysis, Journal of Personnel Psychology 2011, Heft 10/2011, 61-69.

HORNKE, F. LUTZ/KERSTING, MARTIN, „Checkliste" zur DIN 33430, in: Hornke, F. Lutz/Winterfeld, Ulrich (Hrsg.), Eignungsbeurteilungen auf dem Prüfstand: DIN 33430 zur Qualitätssicherung, Heidelberg 2004, S. 273-324.

HOSSIEP, RÜDIGER, Berufseignungsdiagnostische Entscheidungen, Göttingen et al. 1995.

HOSSIEP, RÜDIGER, Psychologische Tests – die vernachlässigte Dimension in Assessment Centern, in: Sarges, Werner (Hrsg.), Weiterentwicklung der Assessment Center-Methode, 2. Aufl., Göttingen et al. 2001, S. 53-68.

KANNING, PETER UWE/PÖTTKER, JENS/GELLÈRI, PETRA, Assessment Center-Praxis in deutschen Großunternehmen: Ein Vergleich zwischen wissenschaftlichem Anspruch und Realität, Zeitschrift für Arbeits- und Organisationspsychologie 2007, Heft 51/2007, 155-167.

KELBETZ, GRETE, Der Einfluss von Assessment Centern auf die Teilnehmenden, in: Sarges, Werner (Hrsg.), Weiterentwicklung der Assessment Center-Methode, 2. Aufl., Göttingen et al. 2001, S. 291-298.

KERSTING, MARTIN, Dialog: Qualität im Assessment, Zeitschrift für Arbeits- und Organisationspsychologie 2009, Heft 53/2009, 70-84.

KERSTING, MARTIN, DIN 33430: Akzeptanz durch Qualität, Initiative und Geduld, Zeitschrift für Personalpsychologie 2009, Heft 8/2009, 154-156.

KERSTING, MARTIN, Qualität in der Diagnostik und Personalauswahl - der DIN Ansatz, Göttingen et al. 2008.

KERSTING, MARTIN, Qualitätsstandards, in: Westhoff et al. (Hrsg.), Grundwissen für die berufsbezogene Eignungsbeurteilung nach DIN 33430, 3. Aufl., Lengerich 2010, S. 22-36.

KERSTING, MARTIN/HORNKE, F. LUTZ, Qualitätssicherung und –optimierung in der Diagnostik: die DIN 33430 und notwendige Begleit- und Folgeinitiativen, Psychologische Rundschau 2003, Heft 54/2003, 175-184.

KERSTING, MARTIN/PÜTTNER, INGO, Personalauswahl: Qualitätsstandards und rechtliche Aspekt, in: Schuler, Heinz (Hrsg.), Lehrbuch der Personalpsychologie, 2. Aufl., Göttingen et al. 2006, S.841-861.

KERSTING, MARTIN/WESTMEYER, HANS, Qualitätsbeurteilung managementdiagnostischer Verfahren und Prozesse, in: Sarges, Werner (Hrsg.), Management-Diagnostik, 4. Aufl., Göttingen et al. 2013, S. 948-954.

KLEHE, C. UTE, Choosing how to choose: Instituational pressures affecting the adoption of personnel selection, International Journal of Selection and Assessment 2004, Heft 12/2004, 327-342.

KLEINMANN, MARTIN ET AL., A different look at why selection procedures work: The role of candidates' ability to identify criteria, Organizational Psychology Review 2001, Heft 1/2001, 128-146.

KLEINMANN, MARTIN ET AL., Unabhängigkeit und Beobachtbarkeit von Anforderungsdimensionen im Assessment Center als Moderator der Konstruktvalidität, Zeitschrift für Arbeits- und Organisationspsychologie 1995, Heft 39/1995, 22-28.

KLEINMANN, MARTIN, Are rating dimensions in Assessment Centers transparent for participants? Consequences for criterion and construct validity, Journal of Applied Psychology 1993, Heft 78/1993, 988-993.

KLEINMANN, MARTIN, Assessment Center: Stand der Forschung, Göttingen et al. 1997.

KLEINMANN, MARTIN, Assessment-Center, Göttingen et al. 2013.

KLEINMANN, MARTIN, Assessment-Center, in: Sarges, Werner (Hrsg.), Management-Diagnostik, 4. Aufl., Göttingen et al. 2013, S. 809-819.

KLEINMANN, MARTIN/KUPTSCH, CONSTANZE/MÖLLER, OLAF, Transparency: A necessary requirement for the construct validity of Assessment Centers, Applied Psychology: An International Review 1996, Heft 45/1996, 67-84.

KLEINMANN, MARTIN/STRAUß, BERND, Konstrukt- und Kriteriumsvalidität des Assessment Centers: Ein Spannungsfeld, in: Sarges, Werner (Hrsg.), Weiterentwicklung der Assessment Center-Methode, 2. Aufl., Göttingen et al. 2001, S.1-16.

KOLB, MEINULF/BERGMANN, GÜNTHER, Qualitätsmanagement im Personalbereich: Konzepte für Personalwirtschaft, Personalführung und Personalentwicklung, Landsberg/Lech 1997.

KRAUSE, E. DIANA, "Ob Kritik konstruktiv wird, entscheidet der Kritisierte": Kritische Reflexion der AC-Standards, Zeitschrift für Arbeits- und Organisationspsychologie 2009, Heft 53/2009, 77-79.

KRAUSE, E. DIANA/GEBERT, DIETHER, A comparison of Assessment Center practices in organizations in german-speaking reagions and the United States, International Journal of Selection and Assessment 2003, Heft 11/2004, 297-312.

LAMMERS, FRANK/HOLLING, HEINZ, Beobachterrotation und die Konstruktvalidität des Assessment Centers, Zeitschrift für Differentielle und Diagnostische Psychologie 2000, Heft 21/2000, 270-278.

LANCE, E. CHARLES ET AL., Assessor cognitive processes in an operational Assessment Center, Journal of Applied Psychology 2004, Heft 1/2004, 22-35.

LANCE, E. CHARLES, Weshalb Assessment Center nicht in der erwarteten Weise funktionieren, in: Schuler, Heinz (Hrsg.), Assessment Center zur Potenzialanalyse, Göttingen et al. 2007, S. 109-125.

LANCE, E. CHARLES, Why Assessment Centers do not work the way they are supposed to, Industrial and Organizational Psychology 2008, Heft 1/2008, 84-97.

LEHMENT, THOMAS, Neuere Assessment-Center Bausteine, in: Jochmann, Walter (Hrsg.), Innovationen im Assessment-Center: Entwicklungen, Alternativen und Einsatzmöglichkeiten im Chance Management, Stuttgart 1999, S. 109-127.

LIEVENS, FILIP ET AL., Large-scale investigation of the role of trait activation theory for understanding Assessment Center convergent and discriminant validity, Journal of Applied Psychology 2006, Heft 91/2006, 247-258.

LIEVENS, FILIP, Trying to understand the different pieces of the construct validity puzzle of Assessment Centers: An examination of assessor and assessee effects, Journal of Applied Psychology 2002, Heft 87/2002, 675-686.

LIEVENS, FILIP/CONWAY, M. JAMES, Dimension and exercise variance in Assessment Center scores: A large-scale evaluation of multitrait-multimethod studies, Journal of Applied Psychology 2001, Heft 86/2001, 1201-1222.

LIEVENS, FILIP/THORNTHON III, C. GEORGE, Assessment Center-Forschung und - Anwendung: eine aktuelle Bestandsaufnahme, in: Schuler, Heinz (Hrsg.), Assessment Center zur Potenzialanalyse, Göttingen et al. 2007, S. 37-57.

LOWRY E. PHILIP, The Assessment Center process: New directions, Journal of Social Behavior and Personality 1997, Heft 12/1997, 53-62.

MELCHERS, G. KLAUS/KÖNIG, J. CORNELIUS, It is not yet time to dismiss dimensions in Assessment Centers, Industrial and Organizational Psychology 2008, Heft 1/2008, 125-127.

MOSES, JOEL, Assessment Centers work, but for different reasons, Industrial and Organizational Psychology 2008, Heft 1/2008, 134-136.

NORM DIN 33430-2:2002-06, Anforderungen an Verfahren und deren Einsatz bei berufsbezogenen Eignungsbeurteilungen, Berlin 2002.

NORM DIN EN ISO 9000-2:2005-12, Qualitätsmanagementsysteme - Grundlagen und Begriffe (ISO 9000:2005); Dreisprachige Fassung EN ISO 9000:2005, Berlin 2005.

NORM ENTWURF DIN 33430-3:2014-11, Anforderungen an berufsbezogenen Eignungsdiagnostik, Berlin 2014.

OBERMANN, CHRISTOF, Assessment Center: Entwicklung, Durchführung, Trends, mit originalen AC-Übungen, 4. Aufl., Wiesbaden 2009.

OBERMANN, CHRISTOF/HÖFT, STEFAN, Die Qualität von Assessment Centern im deutschsprachigen Raum: Stabil mit Hoffnung zur Besserung, in: Gellèri, Petra/Winter, Carolin (Hrsg.), Potenziale der Personalpsychologie, Göttingen et al. 2007, S. 249-268.

OBERMANN, CHRISTOF/HÖFT, STEFAN/BECKER, JAN-NIKLAS, Die Anwendung von Assessment Centern im deutschsprachigen Raum: Vorläufiger deskriptiver Ergebnisbericht zur AkAC-AC-Studie 2012, <http://www.arbeitskreis-ac.de/ images/stories/pdf_download/Deskriptiver_Ergebnisbericht_AkAC_Studie20 12.pdf>, (letzter Aufruf: 06.07.15, 19.51 Uhr).

OBERMANN, CHRISTOF/HÖFT, STEFAN/JANKE, OLGA, Die Anwendung von Assessment Centern im deutschsprachigen Raum: Vorläufiger deskriptiver Ergebnisbericht zur AkAC-AC-Studie 2008, <http://www.arbeitskreis-ac.de/ images/stories/pdf_download/akac-studie2008_deskriptiverergebnisbericht. pdf>, (letzter Aufruf: 06.07.15, 19.51 Uhr).

OUBAID, VIKTOR, Qualitätsmanagement nach ISO 9000 in der beruflichen Eignungsdiagnostik - Ein Beispiel vom DLR, in: Sünderhauf, Katrin/Stumpf, Siegfried/Höft, Stefan (Hrsg.), Assessment Center: Von der Auftragsklärung bis zur Qualitätssicherung, Ein Handbuch von Praktikern für Praktiker, Lengerich et al. 2005, S. 389-400.

PASCHEN, WEIDEMANN/TURCK, STÖWE, Assessment Center professionell: Worauf es ankommt und wie Sie vorgehen, Neuwied et al. 2003.

REILLY, R. RICHARD/HENRY, SARAH/SMITHER, W. JAMES, An examination of the effects of using behavior checklists on the construct validity of Assessment Center dimensions, Personnel Psychology 1990, Heft 43/1990, 71-84.

REIMANN, GERD ET AL., Diskussionsforum, Verbreitung und Akzeptanz der DIN 33430, Eine Stellungnahme, Zeitschrift für Personalpsychologie 2008, Heft 7/2008, 178-180.

REIMANN, GERD, Vom Rinnsal bis zum Strom, Die DIN 33430 bahnt sich ihren Weg, Report Psychologie 2005, Heft 30/2005, 114-123.

REIMANN, GERD/FRENZEL, TOM/MICHALKE, SUSANNE, Din 33430 - Quo Vadis?, Zeitschrift für Personalpsychologie 2009, Heft 8/2009, 156-158.

RUNGE, E.THOMAS/SCHEID, CHRISTOPHER, Assessment Center in Kombination mit Interview, 360° -Verfahren und Tests, in: Sünderhauf, Katrin/Stumpf, Siegfried/Höft, Stefan (Hrsg.), Assessment Center: Von der Auftragsklärung bis zur Qualitätssicherung, Ein Handbuch von Praktikern für Praktiker, Lengerich et al. 2005, S. 260-271.

RUPP, E. DEBORAH/THORNTHON III, C. GEORGE /GIBBONS, M. ALYSSA, The construct of the Assessment Center method and usefulness of dimensions as focal constructs, Industrial and Organizational Psychology 2008, Heft 1/2008, 116-120.

SACKETT, R. PAUL, Assessment Centers and content validity: Some neglected issues, Personnel Psychology 1987, Heft 40/1987, 13-25.

SACKETT, R. PAUL/DREHER, F. GEORGE, Construct and Assessment-Center dimensions: Some troubling empirical findings, Journal of Applied Psycholog 1982, Heft 67/1982, 401-410.

SACKETT, R. PAUL/DREHER, F. GEORGE, Situation specificity of behavior and Assessment Center validation strategies: A rejoinder to Neidig and Neidig, Journal of Applied Psychology 1984, Heft 69/1984, 187-190.

SAGIE, ABRAHAM/MAGNEZY, RACHELA, Assessor type, number of distinguishable dimension categories, and assessment centre construct validity, Journal of Occupational and Organizational Psychology 1997, Heft 70/1997, 103-108.

SARGES, WERNER, Die Assessment Center-Methode-Herkunft, Kritik und Weiterentwicklung, in: Sarges, Werner (Hrsg.), Weiterentwicklung der Assessment Center-Methode, 2. Aufl., Göttingen et al. 2001, S. VII-XXXII.

SARGES, WERNER, Einzel-Assessments, in: Sarges, Werner (Hrsg.), Management-Diagnostik, 4. Aufl., Göttingen et al. 2013, S. 825-839.

SARGES, WERNER, Kritik an der Assessment-Center Praxis, in: Sarges, Werner (Hrsg.), Management-Diagnostik, 4. Aufl., Göttingen et al. 2013, S. 819-824.

SARGES, WERNER, Lernpotenzial-Assessment Center, in: Sarges, Werner (Hrsg.), Weiterentwicklung der Assessment Center-Methode, 2. Aufl., Göttingen et al. 2001, S.97-106.

SARGES, WERNER, Management-Diagnostik, in: Sarges, Werner (Hrsg.), Management-Diagnostik, 4. Aufl., Göttingen et al. 2013, S. 23-33.

SCHMIDT-RUDLOFF, RAINER, DINormale Auswahl, Manager Magazin 2002, Heft 54/2002, zit. nach Reimann, Gerd, Vom Rinnsal bis zum Strom, Die DIN 33430 bahnt sich ihren Weg, Report Psychologie 2005, Heft 30/2005, 114-123.

SCHULER, HEINZ ET AL., Die Nutzung psychologischer Verfahren der externen Personalauswahl in deutschen Unternehmen: Ein Vergleich über 20 Jahre, Zeitschrift für Personalpsychologie 2007, Heft 6/2007, 60-70.

SCHULER, HEINZ ET AL., Interne Personalauswahl und Personalentwicklung in deutschen Unternehmen, Wirtschaftspsychologie 2006, Heft 2/2006, 2-22.

SCHULER, HEINZ, Das Rätsel der Merkmals-Methoden Effekte: Was ist „Potenzial" und wie lässt es sich messen, in: Von Rosenstiel, Lutz/Lang-von Wins, Thomas (Hrsg.), Perspektiven der Potenzialbeurteilung, Göttingen 2000, S. 27-71.

SCHULER, HEINZ, Spielwiese für Laien? Weshalb das Assessment-Center seinem Ruf nicht mehr gerecht wird, Wirtschaftspsychologie aktuell 2007, Heft 2/2007, 27-30.

SCHULER, HEINZ/FRIER, DÖRTE/KAUFFMANN, MONIKA, Personalauswahl im europäischen Vergleich, Göttingen et al. 1993.

SCHULER, HEINZ/GULDIN, ANDREAS, Konsistenz und Spezifität von AC-Beurteilungskriterien: Ein neuer Ansatz zur Konstruktvalidierung des Assessment-Center Verfahrens, Diagnostica 1997. Heft 43/1997, 230-254.

SCHULER, HEINZ/STEHLE, WILLI, Assessment Center als Methode der Personalentwicklung, 2. Aufl., Stuttgart 1992.

SICHLER, RALPH, Subjektivität und Intersubjektivität als methodische Prinzipien, in: Sarges, Werner (Hrsg.), Weiterentwicklung der Assessment Center-Methode, 2. Aufl., Göttingen et al. 2001, S.17-40.

SILVERMAN, H. WILLIAM ET AL., Influence of Assessment-Center methods on assessors' ratings, Personnel Psychology 1986, Heft 39/1986, 565-578.

Walther, Petra, DIN 33430, Genormte Personalauswahl, managerSeminare 2002, Heft 59/2002, 78-85.

WESTHOFF, KARL ET AL. (HRSG.), Grundwissen für die berufsbezogene Eignungsbeurteilung nach DIN 33430, 3 Aufl., Lengerich 2010.

WOEHR, J. DAVID ERIC/ARTHUR JR., WINFRED/DAY, ERIC ANTHONY, Mend it, don't end it: An alternative view of Assessment Center construct-related validity evidence, Industrial and Organizational Psychology 2008, Heft 1/2008, 105-111.

WOEHR, J. DAVID/ARTHUR JR., WINFRED, The construct-related validity of Assessment Center ratings: A review and Meta-Analysis of the role of methodological factors, Journal of Management 2003, Heft 29/2003, 231-258.

WOEHR, J. DAVID/ARTHUR JR., WINFRED/ MERIAC, JOHN PATRICK, Methodenfaktoren statt Fehlervarianz: eine Metaanalyse der Assessment Center-Konstruktvalidität, in: Schuler, Heinz (Hrsg.), Assessment Center zur Potenzialanalyse, Göttingen et al. 2007, S. 81-104.

The manufacturer's authorised representative in the EU is Springer
Nature Customer Service Centre GmbH, Europaplatz 3, 69115 Heidelberg,
Germany. If you have any concerns regarding our products, please
contact ProductSafety@springernature.com

Printed and bound by CPI Group (UK) Ltd, Croydon, CR0 4YY
27/04/2026
02097619-0003